中 国 道 教 文 化 之 旅 丛 书

千华明珠

五龙宫

总主编 张继禹
本册主编 王高静
编　著 齐真群 朱真意 董真前

《中国道教文化之旅》
编辑委员会

总 顾 问：任法融
总 主 编：张继禹
主　　编：王哲一
执行主编：王炳旸
副 主 编：

黄信阳	黄至安	丁常云	唐诚青	赖保荣	刘怀元	林　舟	张金涛
张凤林	孟崇然	黄至杰	李诚道	张东升	袁志鸿	张明心	胡诚林
谢荣增	陆文荣	董沛文	刘世天	王书献	孙常德	史孝进	吉宏忠
王怀静	杨世华	詹达礼	高信一	吴诚真	李文兴	王至全	袁宗善
刘兴龙	欧治国	喇宗静	张崇新	赵理修	王崇道	邓信德

编辑工作办公室主任：张兴发
编辑委员会委员：

任法融	张继禹	黄信阳	黄至安	丁常云	唐诚青	赖保荣	刘怀元
林　舟	张金涛	张凤林	孟崇然	黄至杰	李诚道	王哲一	王炳旸
袁志鸿	张明心	胡诚林	谢荣增	陆文荣	董沛文	刘世天	王书献
孙常德	张兴发	冯　鹤	郝光明	李信军	张　凯	吉宏忠	姚树良
张开华	翟仁军	成笃生	刘少波	黄健虹	吴信达	潘志贤	杨梦觉
陈明昌	张至容	杨明江	邹理慧	郑明德	吴诚真	刘玄遵	蔡亚庭
朱　泽	欧治国	万　文	王理砚	陈万赟	林美菊	陈信桂	廖信杰
贾慧法	任兴之	陈法永	孙敏财	尹信慧	杨世华	冯可珠	郑志平
简祖洪	薄建华	李宗贤	霍怀虚	张诚达	刁玉松	李　福	詹和平
陈理复	李宗旭	袁宗善	喇宗静	邓信德	赵理修	陈崇真	王崇道
王高静	史孝进	王怀静	詹达礼	高信一	王金华	李文兴	王至全
刘兴龙	张崇新

序

  殷商时期，道祖降临神州大地。他所倡导的致虚守静、少私寡欲、无为而治、道法自然、返璞归真、和光同尘等思想，深深影响了中国哲学；他所著《道德经》，提出了"道"、"自然"、"无为"等等著名的哲学概念，成为中国哲学的基石之作。

  两汉之际，中国又出现了一位真人张陵，他奉老子为道祖（太上老君道德天尊），以老子《道德经》为祖经，以道为宗本，创立道教，融合传统宗教习俗，追求天人和谐、家国太平，倡导真正、积善成功、福臻家国，相信修道积德行善定能平安幸福、长生久视。

  魏晋南北朝，道教人士秉承老子思想，光大张陵道风，建立弘扬道教文化的宫观，从此道教文化有了自己的文化宣传窗口，向世人展示着自己独特的魅力。

  宫观发展至今，已成为道教信仰和修道者的圣地。成千上万的道教徒们在宫观内过着如法如仪的宗教生活，成万上亿的道教信徒们到宫观开示解惑、朝拜神灵、祈福禳灾。许多高道依托宫观实现了他们致道成仙的人生目标，如张道陵在大邑鹤鸣山驾鹤飞仙，许逊在南昌西山白日飞升，张三丰在武当山得道成仙。

  宫观传衍至今，已成为中国传统文化的重要载体。每一个宫观都有着

它的历史传承、人物故事、文物胜迹、经典书籍和建筑艺术等等,这些均构成了本宫观的文化,这些文化又是宫观所在地文化不可或缺的重要组成部分。这不仅是宫观的,也是道教的,更是社会的传统文化。如张道陵祖师依托二十四治创立天师道,形成了天师道文化;杨羲、许谧依托茅山的靖庐创立了道教上清派,形成了茅山文化;许逊依靠万寿宫,形成了净明道忠孝文化;邱处机凭借白云观推动了全真龙门派的发展,形成了龙门祖庭文化。

宫观传承至今,已成为了道德伦理教化的场所。道教宫观中供奉的神灵,有古代神话中的人物,还有山川河岳等自然界的神灵,更有有功于社稷、有惠于黎民而为民众所敬仰的地方神灵。道教崇奉神灵的原则是"尊道贵德",倡导崇尚德行、敬仰贤能。如道士孙思邈是古今医德医术堪称一流的名家,尤其对医德的强调,为后世的习医、业医者传为佳话。他的名著《千金方》中,也把"大医精诚"的医德规范放在了极其重要的位置上来专门立题,重点讨论。而他本人,也是以德养性、以德养身、德艺双馨的代表人物之一,成为历代医家和百姓尊崇备至的伟大人物,被道教崇奉为"药王"。又如道教崇拜的城隍神,皆为世间人之正直者,有"功施于民则祀之"的说法。他们有的是地方的"清官",正直无私,秉公办事,能为民消灾解难者;有的是有功于国于民的"功臣",生前曾对某地乃至全国作出过一定贡献,人们牢记其功绩,奉之为神灵;还有人间正直者,他们生前为人正直,与人们所希望的城隍神形象较为接近;更有世间乐善好施者,在中国传统社会中,积功行善,乐善好施者,往往受到人们的崇敬;当然也有神能者,生前有异能,造福乡民,人们相信他死后可以充当城隍之职;还有善鬼,人们认为,人死后进入阴间而为鬼,但只要积德行善也能提升。可见,城隍信仰中"人之正直,死而为神"的观点,正是人们把美好理想

和愿望寄托于神灵,希望他们能像生前一样公正无私,造福于民。同时,也鼓励人们积极向上,崇尚德行,讲求孝道,对人们具有一定的教化功能,在一定程度上又构成了伦理道德体系。

同时,道教的宫观还是济世利人的基地,是服务社会、利益人群的场所。道教宫观导人向善的教化功能本身就发挥着净化社会的崇高精神。从历史上看,道教宫观曾经发挥过济世救人的功能。如张鲁行宽厚仁慈之政,以道教化世人,设立义舍于路边,放置米肉于其中,让过路的人量腹而食;邱处机在北京白云观创立十方丛林,收容遭战乱无家可归的人,多达数以万计,清乾隆皇帝赞扬说:"万古长春不用餐霞求秘诀,一言止杀始知济世有奇功。"清代道士闵一得,主持金盖山纯阳观,大振玄风,乐善好施,奖掖后进。当代道教宫观,不忘祖训,更加积极投入到社会慈善公益事业中。道教宫观植树造林、美化环境;赈穷补急、兴利除害;积功累德、慈心于物;忠孝友悌、正己化人。如道教宫观在甘肃的生态林建设,九八洪灾捐款,四川地震灾害捐献等等,均彰显出道教宫观济世利物的高尚品德,由此清楚地看到宫观在道教传承中的地位和作用。

为了打造道教文化精品,提升道教品位;繁荣文化市场,满足群众需求;整合道教宫观资源,形成道教文化合力;推动对外文化交流,促进道教健康发展,响应"推动社会主义文化大发展大繁荣"号召,中国道协文化研究室以道教宫观为研究对象,推出"中国道教文化之旅"大型文化研究项目,把道教宫观文化承载的道教义理、建筑、绘画、生态等智慧和道教生动感人的故事展现出来,通过一座座宫观的文化之旅,探索发现出道教许多不为人知的价值内涵,从而彰显道教的人文精神。这样可以向社会人群提供优秀的道教精神产品、凸现道教文化魅力、创造良好的社会效益。从而提升道教形象,扩大道教影响,增强道教的亲和力,为构建和谐社会

作出积极有益的贡献。

感谢国家宗教局领导对《中国道教文化之旅》的大力支持，感谢各省道教协会、各宫观高道大德的积极参与，感谢今日集成广告有限公司张东升先生的热情襄助，感谢华夏出版社编辑的辛苦付出。我相信，道教文化的魅力与人文精神一定会通过本套丛书的出版而弘大显扬。

张继禹

2011年1月谨识于北京

目　录

钟灵毓秀：千华圣境五龙宫 / 1
　　东北明珠　大美千山 / 4
　　观音赐莲　山峰足千 / 10
　　龙宫仙境　天降奇景 / 14

五龙拱圣：彭复光开辟玄门 / 19
　　生逢乱世　苦难童年 / 20
　　名师指引　参悟玄门 / 23
　　五龙化山　祖师建庙 / 28

四序无偏：众弟子传承道脉 / 31
　　拾遗补阙　颇具道机 / 32
　　增修叠举　广收门徒 / 37
　　重饰文彩　再振玄风 / 43

丹心向道：王全林再筑丰碑 / 49
　　丹心向道　云游访仙 / 50
　　重新出山　再筑丰碑 / 56
　　心怀苍生　济世度人 / 65
　　振兴中华　弘扬道法 / 69
　　承继教制　千山传戒 / 76

人杰地灵：玄门神韵五龙宫 / 81
　　八十一化济世图 / 82

神塔仙池济众生 / 108
九天玄女佑众生 / 115
玉皇天尊赦罪过 / 124
清宫玄音韵律妙 / 128

秀幽奇古：神仙显迹故事多 / 133

卧牛常伴月牙井 / 134
峰奇峦秀藏龙潭 / 137
石鲤穿松传千古 / 141
月下老人红线牵 / 144
龙宫八景神迹多 / 149

寻仙有路：善信祈福五龙宫 / 157

元辰免灾有来历 / 158
金蟾坐潭赐金钱 / 169
五龙宫内观梨花 / 175
药王殿里拜药王 / 181
状元亭里状元郎 / 189

钟灵毓秀：
千华圣境五龙宫

千座山峦，千位神仙。
千种姿态，千副容颜。
赏龙宫珠莲，思过往云烟。
人因山静悟，山因人脱凡。
一处看不够的仙境，一座走不尽的乐园。
你的灵感，你的发现。

五龙宫全景远眺

东北明珠　大美千山

长白山逶迤而来,曾凝神于此,化作千朵莲花,赐予人间仙境。渤海湾巨浪奔腾,曾驻足这里,化作一条龙脉,托起一方圣土。

明霞为饰玉为容,山到辽阳峦嶂重。
欲向青天数花朵,九百九十九芙蓉。

这首诗是清左都御史姚元之对千华山莲花般山峰的赞赏。

◎ 千山风景区正门

千山地处辽宁省鞍山市东南，南临渤海，北接长白，为长白山支脉，主峰海拔708米，总面积72平方千米。千山群峰拔地，万笏朝天，步移景异。以峰秀、石峭、谷幽、山灵、庙古、泉流、松奇、花盛而著称，自古以来就有"无峰不奇，无石不峭，无寺不古，无处不幽"之誉，素有"东北明珠"之称。

◎ 春到千山

"万壑松涛百丈澜，千峰翠影一湖莲"。千山由近千座状似莲花的奇峰组成，虽无五岳之雄峻，却有千峰之壮美，以独特的群体英姿，像一幅天然画卷，展示在辽东大地上。"千山峰秀丽，独盛辽佐"，明嘉靖年间出版的《辽东志》对千山风景名胜做出如此的评说。千山群峰挺立，突兀争奇，雄伟险峻，幽深秀丽。最为著名的有仙人台、五佛顶、弥勒峰（千山弥勒大佛）、莲花峰、净瓶峰、海螺峰、卧象峰、狮子峰等。最高峰仙人台，是"观云海、赏日出、瞰莲花、听松涛"的最佳观景台。第二高峰五佛顶，登山遥望，层峦叠嶂，尽收眼底，诸峰千姿百态，有如龙蟠、虎跃、鸟翔和潮涌。从古至今流传着"登不上五佛，看不尽千景"和"山高不过仙人台，庙高不过五佛顶"的说法。

千山怪石嶙峋，造型奇特，有的挺立峰顶，有的雄踞山腰，有的落卧沟间，像牛似马，若豹类猫，虎伏龙隐，栩栩如生。卧龙石、寿星石、巨人石若鸟兽人形，合心石、夹扁石、钟鼓石乃天工巧成，而木鱼石因击之声如木鱼而称奇天下。千山一绝夹扁石是千山玉皇阁西石壁上一石隙，长约四米，高约三米，只容一人侧身而过，故称"夹扁石"。位于无量观的无

根石，高约三米，上宽下窄，着地点只有三个脚掌大，轻风吹来，好似微风摇动。

千山的洞穴多数是天然形成的，只有少量由人工稍加穿凿而成。有些洞穴如香岩寺后山的"老祖洞"、龙泉寺的"了凡洞"，曾有僧人、道人在内"修炼"。有的洞如无量观的"罗汉洞"、普安观后的"玉皇洞"，皆塑有各种神像。有些洞尤为奇特，如洞中有洞的"观音洞"，寒气袭人的"冰洞"等等。这些洞穴不仅形态多样，古怪离奇，而且不少都寓含典故、传说，为古老的洞穴添上了神秘的色彩。

千山历史久远，早在《逍遥墟经》中就有所记载。相传，丁令威是辽东鹤野人，西汉时官为辽阳刺史。他为政廉洁，爱民如子，一怀明月，两袖清风。为官之余，最大的乐趣就是养鹤。在他任职期间，有一年辽东大旱，土干三尺，河水断流，野菜挖尽，树皮扒光，人们四处逃荒，十室九空，百姓弃子于街巷、野路之间……丁令威目睹此悲惨情景，怜悯之情使他彻夜不眠，曾多次呈书汉武帝，请颁御旨开仓放赈。但朝廷置若罔闻，于是丁令威决定私自开仓赈济，因此获罪朝廷。皇帝大怒，判处丁令威死刑，押赴刑场斩首。临刑之际，丁令威请求看看他平时所饲养的白鹤。当白鹤来到丁令威身边后，忽然展翅驮起丁令威直冲云霄而去。后代又有人盛传他学道于灵虚山。千年之后，成仙得道的丁令威化鹤飞回辽阳故里，站在华表上高声唱："有鸟有鸟丁令威，去家千岁今来归，城郭如故人民非，何不学仙冢累累。"以此来警喻世人。

各种地方史和神话小说的记载和广泛流传，使丁令威名声大振，古往今来，从帝王到高官显宦，从文人墨客到乡村俗子，无不津津乐道。早在南宋时期，大文学家陆游在其《沁园春·有感》中写道："孤鹤归来，再过辽天，换尽旧人。念累累枯冢，茫茫梦境，王侯蝼蚁，毕竟成尘……"金代高士谈在《晚登辽海亭》中亦写道："……客情到处身如寄，别恨他时梦可通。自叹不如华表鹤，故乡常在白云中。"到晚清时期，各种溢美之词不胜枚举，文人学士或以言志，唱济世生民之夙愿，或以叹世，抒忧国忧民之挚情。就连身居九五的康熙、乾隆皇帝亦写出了"欲问襄平旧城郭，千

钟灵毓秀：千华圣境五龙宫

◎ 丁令威塑像

年华表鹤飞翔"，"只有千年华表鹤，时看来往白云中"的诗作，并将"空传丁令有遗台"引为憾事。后来，田园诗人陶渊明续撰的《搜神后记》中，将丁令威的传说置于全书一百二十篇故事的开卷篇。这就是后世文人墨客作词赋诗多用的典故，也是后世人们推崇他的由来。

千山五龙宫东的仙人台上有一峰石傲然而立，人称华表柱，据说那就是当年丁令威化鹤归来时唱颂诗歌的地方。

清康熙六年（1667年），道教全真道龙门派进驻千山，使千山形成了佛道两家共居一地之势，为千山这座宗教文化名山增添了浓厚的色彩，庙宇建筑达到了鼎盛。千山庙宇建筑风格是凭山建庙，形成山中有庙、庙外环山的特点，其中著名的道教庙宇有无量观、五龙宫等。

千山以其秀美多姿的自然景观，悠久的人文历史和灿烂的宗教文化享誉海内外，历史上曾吸引了许多帝王将相和无数文人墨客到此一游，他们纷纷题匾赠联，留下了大量的诗词、楹联、摩崖石刻，为钟灵毓秀的千山涂抹了浓重的一笔。千山不仅有唐太宗李世民驻跸和薛礼兵营遗址，还留下清帝康熙和乾隆游历的足迹和诗篇。"晓入千山路，烟光织翠萝。崎嵌缘石磴，宛转历岩阿。树杪朱旗出，藤荫玉勒过。物华看亦好，景色爱清和。"康熙皇帝1682年游千山时，被千山秀美多姿、云雾缭绕、绿树交织、怪石天穿、如若仙境的自然景观所陶醉，触景生情，有感而发作了这首诗，表达了对千山由衷的盛赞。据史书记载，1682年4月20日，清圣祖爱新觉罗·玄烨率皇后、太子及诸王贝勒、大臣、侍卫等三千之众由盛京（沈阳）来辽阳，次日入千山，游览了祖越寺、龙泉寺等寺庙，夜宿千山西鸡王屯。之后，又两次巡游千山，留下了大量的墨宝、诗篇。名贯三江的关东才子清太史王尔烈，曾在千山龙泉寺读书，龙泉寺至今还保留有他的书房。

千山除了留下无数名人的足迹，也留下了无数故事和古迹。千山胜境已经达到了自然景观与人文景观的完美统一，而宗教文化则筑就了千山人

◎ 千山积翠门——通往五龙宫

文景观的主体。"临山已谛金钟响，入庙先闻玉炉香。"千山有寺、观、宫、庙、庵等三十余处，它们宛如一颗颗闪光的宝石，镶嵌在奇峰秀谷之中，使古老的千山更加迷人。这些古老而宏伟的寺庙，有的高耸于山巅险峰之上，有的依偎于群山环抱之中，有的坐落在藏风聚气的向阳山坡上，有的隐蔽在古松怪石之浓荫内……与自然景物彼此烘托，融为一体，构成了一幅优美、雅致、幽静的动人画面。古往今来，一直是国内外众多游人旅游观光、朝真礼神、祈愿还愿的人间圣境。

观音赐莲　山峰足千

五龙宫坐落在通往仙人台的石径之上。殿宇四周峰拥峦抱，石挡林缠，其墙垣皆以方石砌成，最高处距地面约有五六米。其建筑依悬崖峭壁，开凿岩石而成，形成独有的奇险特色，背倚千仞绝壁，上载危岩，旁临深谷，殿宇楼台玲珑壮丽，结构惊险奇巧。从山门至玉皇阁山巅，高约三百余米。远看犹如一座方城垣拔地而起，成为玄门中一座独具特色的庙宇。庙周围五条山脉起伏，恰似五条苍龙昂首相奔，欲吞宝珠。有诗赞曰："望里峰峦碧玉簪，龙奔五岭戏珠山。珠峰一杯丁神土，才教千山峰凑千。"五龙宫春日里梨花盛开皎洁如雪，夏日里满山滴翠郁郁葱葱，秋日里南果梨香红叶

◎ 五龙宫全景远眺

◎ 仙赐一株莲

齐飘，冬日里松涛傲立银装素裹。世人来此，有如入仙境之感。

  为何名为"五龙宫"，原来它来自一个传说，千山 999 峰宛如 999 朵莲花，是因一位名积翠的仙子，用天宫中的五彩祥云绣莲花，当绣到 999 朵时，被玉皇大帝发现，派天兵天将下界缉拿仙子问罪。在争战中，仙子将莲花撒向大地，化作 999 座山峰。这些山峰形状各异，似莲花，似人形，似动物，似物体。一座座形似拔地而起的经过精心雕琢的艺术品，而且因所处位置不同，所构成的画面也不同。山脊骨的山峰，挺拔高大，四处无依，斑斓多彩的峰体突兀，阴雨天常常锁在云雾中。山坡上的山峰，高而细，宛如一座玲珑剔透的宝塔。无论居于何处的山峰，又多为峭峰，或三面为峭壁，或四面为峭壁直上直下，令人望而生畏。而无论峰高峰低，峭壁上都长着古老而又娇小葱绿的青松，互为相揖，妙趣横生。明末高僧函可诗赞此景道："案头恰置此孤峰，峰顶何人插古松，为门山灵如可借，杖挑随处得相从。"

  当年彭复光祖师在千山五龙宫处勘察选址建庙时，看到这里山势巍峨俊秀，五道山岭连绵起伏，盘旋若舞，五峰环拱，势如腾龙，大有奔驰飞

翔之概,认为在这里建庙定能光大玄门,护国佑民,阐扬道法,保一方平安。但是再次仔细观察,却又发现有点儿美中不足。因为按地势来看,五龙奔腾虽呈未来辉煌大兴之兆,但五龙齐聚大势又显日后纠缠竞争之相。道观基址选在这里,日久定会发生龙争虎斗之危,将于殿宇道众不利。且五龙争斗不休,必将有碍一方的和谐……彭复光祖师不觉心生惋惜,有些失望,可是与自己这些时日所勘察的另几处建庙基址比较起来,却又只有此处为上上之选,于是站在山巅之上一时委决不下。再看看天色已晚,山路崎岖,回到宿处大有不便,况且明天还要登山勘察,于是就在凤凰石边,寻一处藏风聚气的地方盘膝打坐,闭目凝神静修起来。

　　大约到半夜时分,彭复光忽然感觉眼前一亮,陡然间光明大放。他急忙睁开眼一看,就见天光亮如白昼,四周山岭草木都能看得清清楚楚。当时彭复光祖师还以为自己打了盹儿,不知不觉就天亮了呢!可是等他站起身来再一细看,天色又和以往的天亮大不相同,没有红日当空,也没有蓝

◎ 龙宫映雪

天白云，只是看见天色白晃晃的光亮一片。

彭复光祖师心中正在纳闷儿，就在这时，忽然看见从南天冉冉飘飞来一朵七彩祥云，紫气舒卷，瑞彩流霞，映照得天地一片光明！那景象，一时竟把彭复光祖师看得呆怔住了。

那朵祥云渐飞渐近，来到五龙岭的上空悠悠停住，只见观世音菩萨手持净瓶端坐莲台之上，冲彭复光蔼然一笑，曼舒玉腕，指翘金兰，从莲花宝座上摘下一颗莲子，轻轻地掷下，并开金口诵四言偈语："赐尔一莲，以足千数，早建基业，功成万古。"然后即回銮南去了……

直到望见那朵祥云渐去渐远，隐入天光深处，眼前又变得晃白一片，彭复光祖师这时才醒过神来，急忙跪倒在地，拜谢观世音菩萨"赐莲"之恩。不想头磕在石上一下疼醒，睁眼一看四周仍旧黑黝黝一片，才知道原来是自己做了一个梦。

彭复光祖师暗思梦中景象，不禁自己也苦笑了一下。心想自己不过一介凡夫俗子，怎么会感动大慈大悲的观世音菩萨呢？可见是梦由心生。他正这么思想着，就听远处山风飒飒，风穿松林如虎啸龙吟，一时间大风骤起，摇山撼树轰响如雷。大山里风雨来去毫无定规，对此彭复光祖师也没怎么在意，只是裹紧道袍向石坳里依了依，不觉蒙眬睡去。

等他再次醒来时，已经是天光大亮，一轮旭日高升东天，把好一派山峰林海的美景呈现到眼前。彭复光祖师站起身正欲下山，猛一抬头间，不觉又突然大吃一惊！就见昨天他所勘察的五龙岭山坳空旷处，竟在一夜之间陡然矗起了一座山峰！那座山峰虽说不大，却圆圆如球非常玲珑可爱。再一仔细观察，由于那座小山峰的占位恰到好处，竟然与那五条山脉形成了"五龙戏珠"之势！

彭复光不禁大喜，忽然又想起昨夜梦中所见，知道是观世音菩萨体察到自己建庙筑观的一片挚诚，特来显化赐珠。急忙撩起道袍双膝跪倒向南叩拜，敬谢菩萨赐峰宏恩，遂决定在此建庙，光大玄门，弘扬道法。

从那以后，"千山不足千，观音恩赐一株莲"的传说就流传开来，年深日久，成了一段古老的神话故事……

龙宫仙境　天降奇景

　　五龙宫周边还有许多天然景观，其中卧牛峰等几座山峰景色非常壮美奇妙，在千山所有景观中屈指可数，堪称绝品。

　　卧牛峰位于五龙宫西南方，是五龙山西南主峰。东、西、北为高达几十米的陡峭石壁，上面奇松密布，苔藓成茵，丁香、杜鹃花等各种灌木间杂蓬勃其中，山势险峻而秀丽。南面坡度较缓，是游人登上峰顶的唯一途径。峰顶呈椭圆状，除生长丁香等小灌木以外，没有高大的乔木。粗粒花岗石体裸露，显得视野非常开阔。峰顶南半部有一块大石，高约一米，长两米有余，南高北低，远看如卧牛一头，该峰亦由此而得名。在峰北侧的

◎ 卧牛峰

钟灵毓秀：千华圣境五龙宫

◎ 卧石松

陡峭崖壁上有一平台，上面突兀立着一石笋，高约四米，粗有两围，极像一个人站立在那里，其名为"盗牛贼"。石笋旁边还有古松一株，其树冠就如一柄张开的大伞将石笋遮住，观之别有一番风趣。

相传，女娲炼石补天时，有一块石头飞落在莲花山顶上，五光十色，金辉闪耀。人们看它那样子像一头卧牛，就叫它金牛。有一天来了一个盗贼，乘夜黑之时爬上峰顶，想把金牛偷走。不想他刚一走近金牛，就见静卧的金牛突然地瞪起圆圆的双眼盯着他。偷牛人吓了一大跳，急忙转身想跑，不料此时他的两只眼睛已经被闪耀的金光刺瞎，他刚一转身就化成了一个石头人，被永远地定在了卧牛峰顶上。后来，有一次观音菩萨驾云从这里经过，看见石人赤身裸体在烈日下暴晒，忽起上天好生之德，动慈悲为怀的善念，于是采来一片荷叶，变成一把伞把他遮掩了起来。年深日久，那把伞就变成了一株松树，生生世世地罩着那个石人。一片浓荫既为石人遮挡住了阳光，也使他避免了风吹雨淋。

木鱼峰位于卧牛峰东边数十米远处，由西南向东北斜向而下，其山脊骨突起如鱼背，东面是数十米高的峭壁，西面是斜而向下的慢坡。峰顶之上浮一大石，长五米有余，高约两米，中间粗两端细并呈椭圆形，其形状极像一个木鱼，故名"木鱼峰"。峰上有三百年以上的古松百余株，笔直挺拔，老枝如虬横空出世，将木鱼峰隐抱其中。

  双泉峰位于老祖峰东侧，为五龙宫南面最高峰。峰头是老祖峰的东山和双头峰的西山脊骨，与仙人台北脉会合处呈三角"丁"字形。峰巅上没有岩石，为千山两大主峰之一。双泉峰北坡较陡，上面生长有带原始状态的次生紫椴林，其中还间杂生长有楸、山榆、栎等乔木。南坡较缓，油松稠密，林间有著名的双井和双泉观遗址，因而此峰又因双泉得名。从远处眺望，双头峰和老祖峰位列东西，远看就像双泉峰的两只耳朵，十分壮观可爱。

  鸟首峰位于五龙谷西边，由陡峭的山冈上突兀地拔地而起。北侧是数十米高的悬崖峭壁，上面岩石赤露突出。峰顶呈半圆形，上面长有许多株矮松和柞树。峰南侧是一面长满松树和柞树的斜坡。从东向西看去，峰头宛如昂首啼春的鸟头，故而因形得名鸟首峰。站在峰顶上可浏览观赏五龙谷和千山中麓全景。峰的北面与五龙宫玉皇顶南脉相连，南面与卧牛峰北脉连接，西面是南望沟的深涧峡谷，东面则是五龙谷。翠绿的油松林带形成一望无际的绿色长廊。

  双头峰位于双泉峰西侧，为五龙谷与中会寺深谷之间的主峰。峰分二头，故而得名"双头峰"。偏向西北的峰头为石峰，由二峰中间沿蜿蜒小径可以直达峰顶。峰顶上又分一高一低两个石坪平台。高台近十平方米，由西向东下斜。台西端有一极微的风化石缝儿，缝隙中长有一株松树如凤尾，顺石台而卧并向下生长，因此石台被名之"卧松台"。低台呈一弯月形状，比较宽阔。西临悬崖峭壁，东连半围高台，台中间有一株松树，横枝虬展，与高台并立，构成非常奇妙的景观。其东南呈圆状的峰头为主峰，上面有杜鹃花木百余簇，丁香花木数百株。油松与杜鹃、丁香间杂生长，景色秀丽而宜人。峰头的南、东两面毗邻悬崖峭壁。在南崖沿上筑有一道石墙，墙长十多米，高十一米有余，中间用土石充垫填实，面积有八十八平方米，为古庙遗址。直至今日，上面仍有残存的瓦砾。

◎ 双头峰

　　三龙谷位于千山中部王八盖子南，谷长两公里多，内分东西两岔。东岔长约1.5公里，西岔约长0.5公里。三龙谷名字来源于五龙宫、五龙山和老龙潭三个都带有"龙"字的景观之名。这里景观的奇异之处有三。

　　其一是五龙宫西侧有一小峰，从东边看呈圆球形，如同一珠。小峰西有五道山峰，名叫五龙岭，由上而下蜿蜒至小峰跟前戛然而止，故名之"五龙戏珠"，五龙宫亦因此山而得名。

　　其二是三龙谷有三种花：梨花、杜鹃花、丁香花。罄谷低处有梨树一百多株，花开季节真可谓是"梨花枝头白如雪，花下走过衣亦香"。谷两坡长有许多杜鹃花木，高的达四米，成林成片，与松树间杂生长，开花时节上层翠绿，底层粉红，非常好看。向阳坡还长有许多丁香花木，花美味香，争芳斗妍，美不胜收。

　　其三是五龙宫、九天玄女庙、月牙井、老龙潭等名胜景观都集中在这里，可以达到旅游一处而浏览多景的目的，对旅游观光的人来说，的确不

失为首选。

　　莲籽峰位于木鱼峰东北一百多米的地方。远远看去，翠松茂密的山脊骨上突起一座石峰，高约几十米，围圆顶平如一莲蓬。上面还浮放着一个重约二百公斤的圆石球，就像跳出莲蓬的一粒莲籽，因此得名"莲籽峰"。莲籽峰四周全是陡崖峭壁，光滑如磨，不可攀登。在峰西南方的脊背上还有一处平台，站在平台上可以观赏莲籽石，故此人们都叫它"观莲台"。

　　除此之外，还有子母峰、凤凰石、两界松、石鲤穿松等多处景观，也是诸多游客凡到必赏的佳景胜地，同时也会引发游人生发出无限的遐思与妙想。

五龙拱圣：
彭复光开辟玄门

群山相合抱，不见五龙宫。
哪识随风转，居然有径通。
殿高晴倚日，谷邃静天风。
几个餐霞客，长年此养空。

生逢乱世　苦难童年

1707年秋，直隶省（今河北省）接连下了好几天的大雨终于停了。在沧州府青县里坦村的村路上，一个男孩子光着脚，肩上一根榆木扁担挑着四个瓦罐，在路上一摇一晃地走着。这个孩子就是十三岁的彭复光，当时他名叫彭有余。因为他长得黑，又是家里最小的孩子，乳名便叫老黑。小有余家里是佃户，没有土地，靠租种别人家的土地维持生计。因生活所迫，父母和哥哥、姐姐全都下地干活，年幼的他过早地担起了家务，捡柴、挑水、煮饭等等。他这是趁雨刚停，去村南头的水井担了水往家里走。

忽然，伴着一阵怪异的声响："运河开口子啦！"人们的呼喊声、号啕

◎ 中华人民共和国成立前的天津卫

声响成一片。小有余的父母和他的哥哥、姐姐由于雨天在家休息，这时已站在自家的房顶上，看着洪水顺着土路呼啸着向村口涌来，他们大喊："老黑，快扔掉瓦罐，上房来！"有余愣了一下才反应过来，回头一看，一人高的水头已经齐街涌来，他猛然想起大人们练武时曾一个跟头翻到房上。自己平时也在院子里学着翻过，但始终也没有往房上翻过。情急之下，他扔了担子，学着大人的样子，疾步跑到房下，一个跟头向房上翻去。但他并没有像大人那样稳稳地站在房顶上，而是趴在了房顶上，脸、鼻子和嘴都磕出了鲜血。这时呼啸的洪水像野兽一样肆虐而过，冲走了牲畜、杂物、树木和没有来得及躲避的人们。有余的娘一把将小有余搂在怀里，哭着说："俺家老黑捡了一条命啊！"

◎ 两百年前的五龙宫

洪水退了，庄稼被水泡倒一地，生活所需的物品也被水冲走了。万般无奈，有余家和全村的穷人一起踏上了去东北逃荒的路。路上满是逃荒的人们，经过几天的跋涉，终于来到了天津卫。可是他们一家却走散了，只剩下老黑由他娘领着，无目的地走着。天津卫五方杂处，是北方最大的水旱码头。可尽管天津的地面大，又热闹，小有余却一点兴致也提不起来，他已经好几天没什么东西入口，饿得心发慌，眼一黑，栽倒在大街上……

一个身穿黑色道袍，头上挽一个道髻，手持拂尘，满脸慈祥的道人走过来，看着小有余那蜡黄的小脸，叹了口气："唉，这孩子是饿的呀！施主，我看这孩子根骨奇特，必有造就，随我出家修道吧！"说着用手掌贴

在孩子的背上发功,只见小有余慢慢地醒过来,睁开双眼惊奇地看着道人。道人从背包里拿出一块玉米饼子递给了彭有余,小有余接过后自己并没有吃,而是放到他娘的手里。转过身,他突然双腿跪地磕头,嘴里喊着:"谢谢师父救命之恩!"

听说要让孩子出家,有余娘一把将小有余紧紧地搂在怀里。在那年月,出家的多是身体有病或穷得实在没有办法的人家的孩子,怎能让孩子走这条路啊!

小有余挣脱了娘的手,对眼前的道人说:"我会翻跟头,会打拳,让我跟您学道吧!"是啊,学道再艰苦,倒也是一条出路,总比饿死好啊。有余娘成串的泪水挂满双腮,望着小有余那瘦小的身影随着道人越走越远。

名师指引　参悟玄门

千山乃神仙福地。参天古松，潺潺流水，巨石穿空，百鸟争鸣，宫观林立，高道云集。带彭有余入山的是龙门派第十三代律师钱来吉。他这次出外云游，路上恰遇小有余饥饿昏倒，遂动了恻隐之心，将孩子带到了千山。

上山以后，彭有余兴奋不已，立即要求钱来吉收其为徒，但钱来吉却叫他先捡柴担水、打扫殿堂，并让他学习《三字经》、《千字文》、《百家姓》、《道德经》及《玄门日诵早晚功课经》等。彭有余自幼聪慧，记忆力强，悟性也高，又能吃苦耐劳，对诸位道长的教诲总是虚心奉守，对玄门律仪一学就懂，且心领神会，于是深得道众的喜爱。转眼三年过去，彭有

◎ 千山险峰

余的身体强壮了,个头也长高了,打下了一定的文化基础,还学到了一些道教的修持丹法。

钱来吉看在眼里暗自心喜,认为此人心诚意切,日后定是载道之器,遂于黄道吉日正式收其为徒,赐其法名彭复光,且以戒法要道和经书相授。并嘱之曰:"大哉之道,成之非易。必以功行为先。"又谓:"成道易,然亦甚难。必以苦行为先,种种外务,且须扫除。依律精持,潜心教典,体《道德》自然之玄奥,探《南华》活泼之真迹,方为稳当。"从此,彭复光便谨遵师父教诲,苦读经书,潜心修炼。

彭复光在修道之暇,总喜欢独自一人往返仙人台参悟玄功,观看千山的好风景。一天清晨,彭复光忽见远处金口峪石柱下的涧水边,有两只白色猿猴在嬉耍,其中一只猿猴手抓柴棍站在松树下比画,一只猿猴坐在岩石上翻弄着什么。远远望去好像是一个先生在站着教书,一个学生坐着念书的模样。彭复光看了觉得十分有趣,心想:只有天下名山才有此奇景。

第二天早上,彭复光又上仙人台修炼,奇怪的是昨日见过的那两只猿

◎ 仙人台冬景

猴又出现在金口峪石柱下的涧水边，仍然是一个站着教书，一个坐着念书的模样，彭复光看了心中好生奇怪。过后接连几天，彭复光上仙人台时，那对白猿总是出现在那里，而且都是一只站着，一只坐着，就像先生教书、学生念书的样子。

彭复光越看越觉得奇怪，自言自语道："莫非千山神仙显圣了！"于是下决心前去看个究竟。

俗话说："望山跑死马。"彭复光站在仙人台上看去，那金口峪似乎没有多远，如今走起来却是爬岩壁攀古藤，下深涧越水溪，累得满头大汗。天快黑了，好不容易才来到石柱下的涧水边。他四下一看，哪里还找得到两只猿猴的影子！心里正纳闷，忽见岩石上整整齐齐地叠放着两本书。他弯下身子，翻开一看，上面那本一个字也没有，下面那本密密麻麻地写满了字。他想，写了字的，一定是先生用的书，没有字的，应该是学生用的本子。于是他就把写了字的书带走了，没有字的那一本还留在岩石上。

回到道观已是掌灯时分了。彭复光顾不上洗脸吃饭，急忙回到丹房，从怀中取出那本书，凑近灯光仔细一看，只见书面上"千华山药集"五个大字如龙飞凤舞一般。细细翻看，书上记载的尽是千山九百九十九座山峰上生长的珍贵草药，还画有药草图样，并写明了什么药能治什么病。珍贵的人参、灵芝，清凉的黄连、黄精，润肺的桔梗、百合……这书上都记得一清二楚。彭复光看了这本药集，非常高兴，又想起那本没有字的书，想那准是"无字天书"，心里不免懊悔起来，决定再去把天书取回来。

第二天一大早，彭复光历尽千辛万苦又来到金口峪石柱下的涧水边，可是那本无字天书再也找不到了，那对白色神猿更是不见踪迹。从此以后，彭复光白天修习经典和处理道务，晚上就苦读医书。

第二年夏天，天气特别炎热。庙内许多道众都得了泻肚子病，但这深山古庙到哪里去找医生呢？正在大家没有办法的时候，彭复光手握锄头，身背一篓黄连、甘草等药草从外面走了进来。

原来彭复光见许多道众病倒了，心中也很焦急，他想起自己得了"药

◎ 千山草药林

书",何不照书上讲的试一试,也许能治好病人呢?于是他便上山采来草药,回来后马上照药书上的方法熬成汤药,给患病的道众送去。

那些病人一个个面容憔悴,骨瘦如柴,见彭复光端了汤药来,都非常高兴,每人急忙喝了一小碗。连服汤药三天后,一个个病都好了。彭复光又采来人参、黄精、百合给病人滋补身体,半月后,所有人都红光满面,身体健壮。

彭复光心里明白这是《千华山药集》的神功,从此更加用心攻读,把一本"药书"通记下来。他的医术越来越好了,为方圆数百里慕名来求医的民众治好了许多疑难杂症。

有一年夏天,彭复光忙完道务,坐在庙台上喝茶,一边背着汤头歌,一边欣赏山光树景。这时候,只见从岭下走来了一个十四五岁的小孩,走得满头大汗。他来到彭复光跟前跪下,求彭复光给他看病。

原来这个孩子长了一头烂秃疮,奇臭无比,招得苍蝇成群乱飞。孩子难受得不得了,手里拿着一把树枝在头上乱挥,轰赶苍蝇。彭复光祖师看了看叹口气说："孩子，你这病不轻呀！怎么不早治啊？"小孩子说："老神仙，我家就剩下我和奶奶，穷得治不起呀！听说您是个神医，我奶奶叫我来求您了。"

彭祖点点头说："好孩子，你这病要是再晚些来找我，我也没有办法了！你就在这里等吧，到晌午时就有办法了，到时你可别嫌脏啊！"

"我不嫌脏，老神仙怎么说我就怎么做！"孩子高兴地说。

彭复光祖师将采集的鲜柳树叶浸煮了一个时辰，过滤后再煮，合并两次滤液熬成膏状，然后给孩子均匀地涂抹在头上。

这时，天过正午，山上放养的黄牛开始下山了。此时走过这里的一头老牛"扑哧！扑哧！"地拉了二堆粪。彭祖就叫小孩："快！把牛粪糊在头上。"

小孩子马上跑过去抓起牛粪就糊，糊了满满一脑袋。

彭祖拿了一块黄布，缠在了孩子的头上，说："回去吧，再给你几丸药，每天吃两丸，过几天病就好了！"

小孩半信半疑，心里想：我这病真能治好吗？回到家里，他奶奶一见他就说："大热天你怎么用布包着头，还臭烘烘的，熏死人了！"小孩子说："这是山上道观里的神仙给我治病呢！你看，还有几丸药呢！"

奶奶高兴地说："快吃了药睡觉吧！"

小孩子吃完药就睡觉了，睡得很香甜，他已经很久很久没有睡个好觉了。

第二天都快晌午了，小孩才睡醒。一睁眼他就喊："奶奶，奶奶，头痒得不行了，痒得不行了。"奶奶急忙帮他解开了黄布，一个囫囵的牛粪帽盔子就掉了下来。

两个人吓了一跳，一看，小孩的头上溜光溜光的，就和没有生过疮似的，青虚虚地还拔出了些头发茬子。祖孙俩这份高兴劲就不用说了。

第二天，他们赶忙买了香烛供品，赶到庙里敬奉神仙，感谢彭祖的救命之恩。

五龙化山　祖师建庙

千山的中沟,有五座状似飞龙一样的山峰,分别叫青龙岭、黑龙岭、白龙岭、赤龙岭和黄龙岭,合称五龙岭。关于五龙岭,还流传着一个非常美丽的传说。

相传很久以前,千山沟里有一头黑熊精怪。这头黑熊的本事不小,他能变成人形,还能变成飞禽走兽,能腾云驾雾,来无影去无踪。这妖孽开始的时候还只是常偷吃一些猪牛羊之类的家畜,后来竟吃起人来,而且专吃青年女子。一时间闹得人心惶惶,百姓弃家而逃,千山一带一片荒芜。

由于这头熊本事大,所以连山神和土地也受他欺负。他叫山神和土地为他寻找姑娘吃,找不到就对他们连打带骂。被逼得实在没有办法,山神和土地就偷偷地跑到玉皇大帝那里告了一状。玉皇大帝降下圣旨,责令东海龙王处死妖熊。

东海龙王派他的四个龙子和一个龙女赶往千山惩治妖熊。五龙变成一家人在千山南沟住了下来。龙女变成一个美丽的姑娘,每天捡柴、洗衣、煮饭。妖熊听说新搬来一户人家,还有一个美丽的姑娘,高兴得手舞足蹈,立刻驾风踏云把正在河边洗衣服的龙女抓进了山洞,然后摆上了酒筵,让龙女陪他喝酒,并让龙女给他跳舞唱曲儿。龙女给他斟满了酒,站在桌前唱了起来。这一唱,妖熊就着了迷了,越听越爱听,越看越爱看。这时龙女边歌边舞,慢慢地退到了洞口,妖熊喝得醉醺醺地也离开了桌子,走到龙女跟前,龙女一步迈出洞外,妖熊也跟到了洞外,这时龙女一闪身亮剑把住了洞口,把妖熊堵在了洞外。

这时突然乌云密布,电闪雷鸣,四位龙子站在妖熊的面前。妖熊一看,料知不好,想转进洞里去取家伙,只见龙女满脸杀气,手持利剑站在洞口,无奈之下，他只好赤手空拳前来迎敌。霎时间地动山摇，大雨瓢泼。只见五龙一熊，从山里打到天上，从天上打到地下。这场恶斗从巳时打到未时，妖熊渐渐顶不住了，他从天上一个跟头翻下来，忽地一声钻进树林里，一会儿变成山兔，一会儿变成松鼠，到处躲藏。五龙喊来山神和土地，叫他们帮着追捕。追到一块大石头下，妖熊无处可藏了，五龙便一齐动手，将妖熊斩死在乱剑之下，为民除了害。

五条龙为了永远保佑千山的一方平安，化成五条山岭镇守千山，这就是今天的五龙岭。

五龙宫能建在五龙岭下，而且名播四方，香火鼎盛，还曾有一段甚玄妙的传说。

清乾隆元年（1736年），有两个财主，为争这块风水宝地闹了一场官司。传说一个是米行的老板，他曾经来到千山。因山多、峰奇、路险、云秀，他带着风水先生一起探龙穴。他们走呀走呀，找了几天几夜，累了在石板上休息，渴了饿了捧一捧清冽的泉水配干粮，终于找到了五龙岭下。财主见五条山脉宛如五条苍龙，由上蜿蜒而下，到一座圆形小山峰前突然止住，形成五龙戏珠之势，构图十分绝妙，不由拍手叫好。身旁的风水先生看老板欣喜的神色，便道："这里是五龙聚会的好地方，这风水宝地是出皇帝的龙穴啊！"财主听了风水先生的话，连忙吩咐伙计在宝珠峰前挖了一个小坑，埋下一枚大清铜钱做记号，并作为他将来开进千山修建地宫的信物，然后心满意足地下山去了。

恰在这一天晚上，奉天府一个做珠宝生意的财主在睡梦中梦见自己找到一块宝地，这里山高入云，甘露天降，峰峦森林成波涛，山中四时景色异，谷中琼花瑶草现。自己仿佛身临太空站在浮云间，看见五座山岭岚烟缭绕，观音显灵，莲池映月，五条龙上下飞腾，如同仙境。这个财主醒来后，为解梦境，便雇请了关东有名的占卜先生和自己一起，踏遍关东的几座名山，终于在辽阳州境内找到了千朵莲花山。站在仙人台上，顿觉似梦非梦，他认为这是自己仙运大开，下山时便让伙计在宝珠峰前扒开一层地皮，把一根玉石梅花针插进土里，留做凭证，准备将来在这里修建地宫。

过了一年，两个老板通过占卦，不约而同地各带一班人马上千山来破

土动工，兴建地宫。他们在五龙岭下相遇，双方心中甚觉蹊跷。到了宝珠峰前，几乎同时要动手去挖土，这便引发了一桩无头公案。那米行老板说此地是他先发现的风水宝地，别人动不得；而珠宝行老板说是他先发现的，并有物证。双方各执己见，差点要打起架来。

正在这时，彭复光道长为筹备建庙也来到了这里，连忙上前调和，认为争风水是不吉利的事，最后双方商定请州官做主，他们都认为自己有凭有据，这场官司一定自己赢。

过了几日，辽阳州知府乘轿子上千山办案，旗牌八班执事，鸣锣开道，前呼后拥，好不热闹。四方百姓一批跟一批，鱼贯而上，赶来千山三龙谷看知府如何断案。彭复光道长也赶到了这里欲看究竟。

日上三竿，知府被抬到五龙岭下，也来不及休息，便马上当众升堂，问双方争地有何凭据。

米行老板说他从前埋下了一枚大清铜钱为凭，珠宝商说他曾埋下一根玉石梅花针为证。

只听知府一声令下，一班衙役马上在指定的地点开挖，挖了十几下，奇迹出现了，只见坑里有一个大清铜钱，铜钱的方孔中，插着一支玉石梅花针。知府一看果有此事，围观的民众也看得一清二楚，大家一时都愣住了。

说时迟，那时快，突然埋钱的地下冒出一股青烟，一下子把铜钱和梅花针掀上了天空。顿时，这柱青烟越冒越高，在山上缭绕、弥漫，越来越大，香气袭人，很快就把五龙岭和宝珠峰团团罩住。人们都惊呆了。

知府认为这是紫气东来，知此地乃仙界的一隅，便宣布："此乃道家圣地，凡人不得霸占为墓地，只准建道观供奉神仙。双方息事宁人，不得争吵！"说罢，又指着彭复光道长说："那位道长，请你速速规划，尽快开工建筑神仙道场，本府将全力协助……退堂！"说完，便坐轿下山去了。

彭复光道长经过仔细观察，觉得五龙岭呈五龙探海之势，宝珠在前龙在后，珠滚龙随，不能长久，若想长久，须把观音殿建在珠前，珠龙不能越观音而过。于是将观音殿建在宝珠峰前面，并以五龙宫为道观之名。随后历经五年时间又建起了真武殿和玉皇殿。从此道教多了处仙乡，有诗赞曰："凡尘潜圣境，造化有神功。林峰悠吟处，五龙笑语中。"

四序无偏：
众弟子传承道脉

云水空灵静处身，
乾坤虚无系全真。
春夏秋冬谙道迹，
倚龙对凤唱玄音。

拾遗补阙　颇具道机

　　日辉月照，寒来暑往。斗转星移，秋去春来。自彭复光祖师开辟五龙宫道场，传至第四代主持高教起时，已有近百年的历史了。虽经嘉庆五年重修，但至道光五年（1825年），殿宇已经损坏严重。时有顺天府举人韩天垣，字紫庭，辽阳人，经常到五龙宫进香礼神，看到庙宇破败，遂联合辽阳善士徐皑等捐资二百余两白银，用于修缮和扩建五龙宫。高教起则重新布局，大兴土木，拾遗补阙，更新旧制。今有大清道光五年重修五龙宫碑记一块，详细记载了这段历史。

　　乙酉年夏日，到千山游玩。进千山积翠门，入丁香峪沟。满眼的峰回峦复，古梨苍松，霞蒸云蔚，引絮含烟。峰回路转，只见群山绕殿，流水迎门，五龙宫庙宇坐落在左右前后五条龙岗环抱之间，与传说中的五龙捧圣一模一样，难怪人们称呼此庙"五龙宫"。此庙襟龙泉而带祖越，接中会而引香岩，虽然与诸寺齐观，却独占众庵之名胜。

　　五龙宫是由道人彭公创建的，而后又经道人韩公重修，依山就势，殿宇四布，巍峨庄严，但由于年岁久远，风雨摧残，殿宇多有破损，住持道人教起公看在眼里，急在心上，发心立志维修再建，于是募化十方善众，购买建筑材料，将五龙宫重修如新，时人赞曰："南殿遥拱乎北极，两廊直配乎五龙，直足补前人之挂漏，而树后人之楷模也。"

　　五龙宫住持道人高公宝相庄严，道骨棱然，谈吐之间颇有道机，人杰由于地灵，五龙宫如同仙境，今撰文以志名胜，顺天府辛酉科举人韩天垣撰文，住持道人高教起率徒立碑，大清道光五年七月初七立。

◎ 碑林

    为五龙宫捐助善款的韩天垣，在道光九年中进士，历任江苏徐州府睢宁、阜宁知县，后充江南乡试同考官，晚年归隐乡间，有小园数亩，馆舍七八间，环植花木，名曰"晚香斋"，以诗酒自娱。时常会诗客于园中，互相切磋文章、吟诗、作画、弹琴以为乐。

    高教起，字嗣泉，俗家名叫高文启。清直隶省（今河北）玉田县人，生于清乾隆五十二年（1787年）。他父亲在朝廷做官，家道富有。高文启自幼好学，博览群书，天文地理、书算、医卜等等，无所不通。成年后，举进士不第，曾在衙门当差不如意，遂向往道教，云游山水间，遍求名师和道教典籍。

    清嘉庆十九年（1814年），高文启来到千山云游，陶醉于满山遍野的梨花间，便忘情地呼吸着大自然赐予的芬芳。忽听空中有召唤之声，抬头

四望却什么也看不见。正在迷茫时，又听见前方有召唤之声，于是他寻声往山谷中前行，约半个时辰后，看见前面有一座精巧别致的庙宇，里面传来阵阵道乐之声。他心想，莫非神仙指引我到此？进得道院，四处张望，不知进哪间殿堂。正犹豫不决时，忽闻客堂传来声音："无量天尊！施主请进。"

高文启急忙走进客堂，只见正中椅子上端坐着一位面如朗月、须发皆白的老道士，他身穿干净的道袍，头上挽一个道髻，一副飘然出尘的神情。高文启突然醒悟，这就是自己多年所寻找的师父啊！他双膝跪下，一边叩头一边喊着："师父在上，徒儿给您磕头了，求您老慈悲，收下徒儿，跟您学道吧！"说到此处，已泣不成声，泪流满面。

坐在椅子上的正是五龙宫第三代住持，龙门派十六代律师李合旺道长。他在打坐时已知晓有人进山拜师，于是用神识指引这人来到五龙宫。他见高文启骨相非凡，是传道之器，正是自己多年来要寻找的接班人，于是说道："为师今日收你为徒，法号教起。望你要谦恭勤苦以全志，广学养志以立心。弘教以常道为纲，慈俭为事，主循天地之道。知奇守正，师万物，顺自然。"

高教起入道后，在恩师的指点下，十年如一日，刻苦修炼道法，潜心挖掘整理道教斋醮科仪，修习丹功，特别是在道教养生方面有许多的创新。

高教起活了一百一十三岁，可算是长寿了。他提倡了许多养生的简便方法，防患于未然。在饮食上，他要求常年素食，食物新鲜、清淡、忌食生冷。他还讲求个人卫生，认为内衣要常洗常换，要经常沐浴、漱口刷牙。遇病则主张先以饮食调治，食疗无效，然后再诉诸药物。

千山地处北方，森林茂密，又多岩石流水，潮湿寒凉，许多人易患寒邪之病。高教起总结出一套常年食用生姜的食疗方法。如患感冒，用生姜数片加半勺红糖煮水喝，一日三次，三天病好。如受凉引起腹泻，用烧开的生姜水冲鸡蛋，一日三次，很快就会好。腹泻停止后再喝一天，以巩固疗效，暖肠胃。手脚如果生冻疮但未破溃，用生姜煮水泡手、泡脚也会起到很好的疗效。

有一次，一位山民误食了毒蘑菇，舌头发麻、恶心、呕吐，家人赶紧把他送到五龙宫。高教起连忙让这位山民嚼了几片生姜，然后又煮了生姜水让他服用，一个时辰后，这位山民的症状减轻。高公又嘱其回家后再喝两天姜水，病就好了。

中年男性易患高血压病，这是由于体内寒湿重、经络瘀堵不畅造成的。高教起就叫他们每晚用生姜烧水泡脚，有助于去寒、降血压。生姜是助阳之品，自古以来中医就有"男子不可百日无姜"之说，常用生姜水泡脚既可以去寒又不上火，而且降压、补肾，同时可以治疗男性前列腺炎等病症。

高公百岁诞辰之日，诸山道长和善信前来五龙宫为他祝寿，看他脸色红润，皱纹很少，还没有老人斑，步履轻盈，一点没有一般老人走路时的沉重感；他的记忆力非常好，思维也特别敏捷。从外表上看绝对猜不出他的年龄，像是六十多岁的样子。

大家向高公讨教长寿之道，说他莫非有什么仙方秘术。高公笑呵呵地说："我哪有什么仙方秘术，只不过是每天都会吃上一些生姜，已经坚持了十几年，因长年吃生姜，身体内的湿寒就无法立足，经络也就一直畅通，自然就没有明显的衰老和多病的情况出现。"

高公又说："生姜唯一不足之处就是常吃会引起肝火旺，所以我每天用一朵白菊花、三个山楂、十几粒枸杞、少量的决明子和几片绿茶，用滚开的水冲泡后，每天当茶饮。这种舒肝、理气的茶，能缓解长年吃姜造成的内热大、肝火旺，使身体一直保持一种平衡、和谐的状态。如果只是吃姜，长年下来肝脏就会受不了，眼睛也会出问题的，但如果只喝舒肝、理气的茶，身体就会气虚、泄气、抵抗力下降，久之就会生病。如果将二者综合起来，即用姜驱寒，活了血，又及时疏理了肝火，不至瘀堵，这样就能长命百岁。"

高教起还编创了一套"分云捧月式"导引功法，此式是一种动静结合、意气相随的柔缓健身运动，长期习练，就能身体健康，延年益寿。

锻炼时，两眼平视，口齿轻闭，身体自然，鼻吸口呼，或鼻口兼

用。呼吸柔缓,力求自然,宁神调息,气沉丹田。身体自然站立,左脚向左横开半步,大约与肩同宽。两膝微屈,稍向内扣,两臂自然下垂,肘臂微作外撑。随后,两手向前划弧,顺势翻转掌心向上,两手相接于小腹之前,意念活动是用两手捧着一个"月亮"。稍作停顿后,两手向体侧划弧。两手在作弧线运动时,仿佛像用两手轻轻地分开白云那样悠闲自得,所以此运动称为分云捧月。

当两手划至与头平高时,掌心转向内上,然后两手向体前收合,顺势将两手自胸前缓缓下降于小腹之前,仿佛像用两手将"月亮"轻轻捧下。作"分云"时,配合吸气,作"捧月"时配合呼气。吸气和呼气后,均作片刻之自然停顿。初学者也可不作呼吸与动作的配合,只作自然呼吸。两臂上起时,身体也随之略作上起,双手下降时,身体随之略作下降,使全身作整体性运动。每次需练10~20次呼吸。

在作分云捧月锻炼时,意念活动应该做到整个人仿佛是站在宁静的月光下,四周是苍松翠柏,大地是绿草如茵,银色的月光透过参天的古树斜照在大地上。自己仿佛是用双手将"白云"从体侧轻轻地分开,随后又用两手将"月亮"轻轻地捧起,就自然地进入到一种特殊的宁静状态,收到意气合一,动静结合的效果。

高教起在任五龙宫住持期间,对殿堂、寮房、斋堂、院落、台阶、景观等进行了大规模的修缮,使庙宇焕然一新。此举获得了奉天府辽阳州的褒奖,州衙特发告示,确定五龙宫山场界限。告示中说:"千山为奉天名胜风景区,我朝发祥之地。森林茂盛,青松翠柏高接云霄,珍禽异兽深藏幽谷,与世无争,与人无害,堪助此山之灵秀者也。晓谕禁止狩猎、盗伐山林等,违者定行惩治、加罪。"

增修叠举 广收门徒

依然是那五座清风缭绕、倒挽白云的五龙山，依然是那古松劲拔、梨花如雪、鸟鸣禽啼、涧水长流的世界，依然是那灰墙灰瓦、飞檐斗拱的殿堂，依然是那条善信无数次往返朝真问道的崎岖山路。在五龙宫经过一百年的风雨沧桑时，一位杰出的高道又担负起住持五龙宫的重任。

刘永珍，1804年出生于奉天府辽阳州铧子镇一个贫苦农民之家。兄弟姐妹三人中她最幼，俗名刘玉珍。她自幼聪慧，深得父母喜爱。她六岁时忽然重病卧床数日，因家贫无钱医治，其母甚忧亦染病不起，不久便辞别人世。母亲下葬之日，不能下床的玉珍无法向母亲的灵牌跪拜磕头，此乃

◎ 五龙宫正殿旧迹

她人生第一大悲事。

祸不单行，幼年失母，泪水与苦寂相伴长到十四岁的刘玉珍，忽然双目失明，父亲带她四处寻医诊治无效。一日，刘玉珍深一脚浅一脚地摸到村头的土地庙，双膝跪下，发下大誓愿："若神仙慈悲，让我双目复明，我愿出家学道，侍奉菩萨结神缘，食斋烧香伴青灯，终身不悔！"说来也奇，小玉珍话一说完，双目即有热流涌过，几天以后双目复明如初。遂于千山五龙宫出家，拜道教邱祖真人龙门派第十七代传人高教起道长为师，师赐法号刘永珍。从此百折千难，天道如弓。

刘永珍在修道中喜欢凝神沉思，悟天地自然之理，能把一切世事看穿。她心胸宽阔，以德化人，故而人们对她无不五体投地，遇有疑难之事，都要请教于她。

她经常对前来求教的信众讲："道教重视感应，做人如果心存善念，只要念头一出，吉神就与你相感应，来帮助你、庇佑你，助你完成善举。但假使你心存恶念，每当念头一起，恶神就会与你相感应，配合你做坏事，让你所做之事有过失或造成罪愆及不好的业障。"

有一个人专门上五龙宫向刘永珍道长请教，问如何才能在红尘万丈的世俗中以心转境。刘永珍道长给他讲了一个发生在尘世生活中的故事。

◎ 三官大帝

大屯镇河南村里有两个大户人家，比着发家致富。其中肖志发心胸宽广些，家产也殷实些，赵文彩为人心眼细，爱占点小便宜，家产比肖家差点，但他挖空心思总想占个赢势。

东北过春节是非常热闹的，家家户户都有送走瘟神、迎进财神的习俗。这年的腊月三十，赵文彩告诉家里人说："我已扎好一个稻草瘟神，夜半子时把这个瘟神送到肖家的大门上靠着，只等大年初一肖家接福迎财神开门时，瘟神往里一栽，叫他们家一年倒霉行厄运。"几个儿孙齐声叫好，只等夜半行事。守岁之后，赵文彩的小儿子蹑脚潜行，将瘟神送到肖家的大门上靠着，然后美滋滋地回家睡觉去了。

大年初一天未亮，肖志发一人早起，准备提早放鞭炮接福迎财神进门。他打开大门，稻草瘟神一头栽进院子里，肖老爹稍稍一愣，立刻知道是赵家干的。但他笑容可掬地扶起稻草人，双手一拱："哎呀，财神爷！您大年初一就来到了我家，我要放鞭炮迎接了！"一阵响亮的鞭炮声后，肖老爹悄悄将稻草人安放到一间闲置的空房里，置案上香，好生供奉。每月的初一、十五他都置办供品，恭敬不辍。

赵家因为心中有"鬼"，不敢早起开门迎财神，只待肖家鞭炮声过后才打开大门燃放鞭炮接财神。他们想看的热闹也未看到，全家人百思不解。

说来也巧，这一年肖家由于全家人努力生产，又遇到几件幸事，还添了一个大孙子，较之往年人旺财更旺。

赵家由于做了亏心事，又总担心肖家发难，精神头总也打不起来，每遇困难就后退，这一年的财运反不如往年。

又到年三十。守完岁后，肖家老爹独自一人来到供奉稻草人的屋里，对香案上的稻草财神真诚地说："财神爷，感谢您保佑我家今年人旺财喜，可我不能太贪心了，今晚我把您送回您的主人赵文彩家里，请您也保佑他家发财吧！"说完，他虔恭地将稻草财神送还至赵家的大门靠着，然后回家安睡。

次日清早，赵家的小儿子抢先开门放鞭炮，要把财神接进家里。大门一开，扑通一声，稻草人一头栽进了他的怀里，小儿子一愣，抱

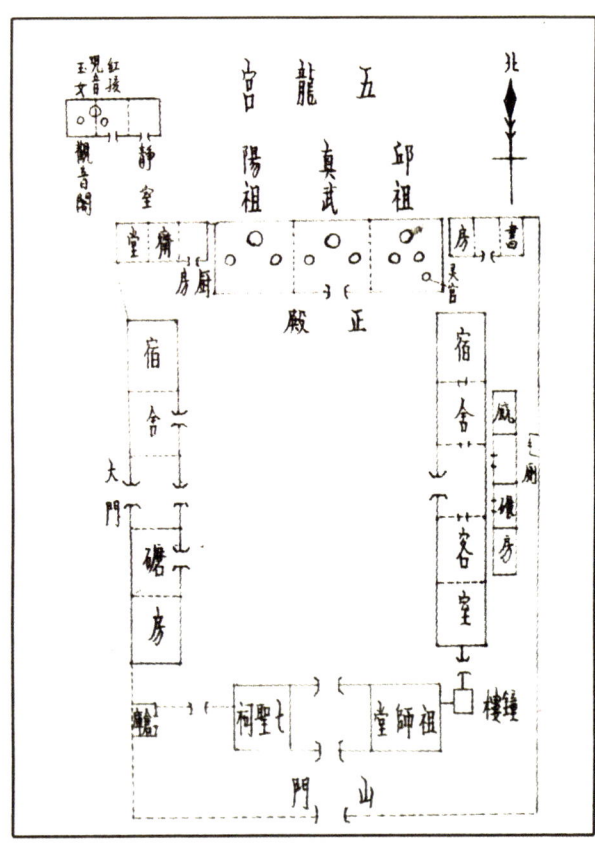

◎ 手绘百年五龙宫平面图

着稻草人,冲着当家的赵老爹高声喊:"爹呀,咱家送出去的瘟神回来了!"赵老爹听到过来一看,气不打一处来,走上前去劈头就是几巴掌打过去,把小儿子打得号啕大哭,稻草人也被扔在地上。大年初一的吉日被搅得毫无喜庆,全家人郁郁闷闷,垂头丧气,年也没有过好。这一年赵家更是一落千丈,自此一蹶不振,家道破败。

这人听了这个故事后,心中豁然开朗,明白了许多事。这个故事流传出去后,又度化了更多的人。

清道光十六年(1836年),刘永珍升任五龙宫住持道长,开始弘教阐道,广收门徒,皈依五龙宫的弟子一年中达三千余人。翌年,她又对五龙宫进行全面的整修,新建钟楼、祖师堂、碾房,新塑七圣神像及虫王、龙王、五道、火神等诸神像十余尊,百年老庙面貌一新。

新建的祖师殿中供奉着道教龙门派祖师邱祖,这位祖师的仙迹可是名闻寰宇,家喻户晓。

邱处机,原名邱长春(1148—1227),字通密,登州栖霞(今山东省)人,十九岁在宁海昆仑山(今山东省牟平县东南)出家,金代道士,全真教北方七真之一，自号长春子，是王重阳（元代）的弟子之一，王重阳在1167年创立全真道。金世宗大定十四年（1174年），邱祖入磻溪穴居，乞食度日，行携一蓑，时人称他为"蓑衣先生"。随后他又赴陇西龙门山隐居修炼，并创立龙门派。

后来元太祖（成吉思汗）遣使特诏，邱处机于第二年

◎ 古香炉

应诏率弟子尹志平、宋德方、李志常等十八人往西域雪山。元太祖问治国之方，邱答以"敬天爱民为本"；又问长生久视之道，则答以"清心寡欲为要"。元太祖深契其言，赐号"神仙"，赐爵"大宗师"，赐居太极宫，后更名为"长春宫"（今北京白云观），统领全真道。元世祖至元六年（1269年）追赠他为"长春主道演教真人"。清乾隆皇帝称赞邱处机："万古长生，不用餐霞求秘诀；一言止杀，止知济世有奇功。"

另据道教有关记载，邱处机祖师当年修道过程历尽艰辛，王重阳一直拒绝收他为徒。因为王重阳早已经看出来他有三十大难，但是他矢志不改，潜心修道，直到六十二岁时还没有功成正果，所以只好在江边背人渡江，聊以谋生。后来，他的苦修感动了三元（上元天官、中元地官、下元水官），三元变化成三名官差，手提一颗人头前来过江。当邱祖背他们行至江心时，那颗人头不慎落入水中，被激流冲走。三个官差大怒道："你若不背我们，这颗人头怎么会落进江里呢？他可是朝廷的要犯，现在我们三个人的性命都要断送在你的手里了！"邱祖说："这样吧，你们将我的头砍下，对圣上说，我的人头就是那个犯人的头。"三个官差说："你可想好了，这可是关乎你性命的大事，人死是不能复生的。"邱祖说："用我一个人的命换你们三个人的命，还是非常值得的。"官差遂将刀高高举起，一下砍在邱

祖的脖子上！没想到这一刀下去，竟然将邱祖这个六十二岁的老翁砍成了二十多岁的小青年！从此邱祖得道正果，位列仙班。

  1838年10月（道光十八年），五龙宫隆重举行建庙100周年暨修缮竣工、神像开光法会庆典。无量观、凤朝观、南泉庵、洪谷庵、慈祥观、青云观、朝阳宫、圆通观、太安宫、斗姆宫、东极宫、龙泉庵、圣清宫、木鱼庵、西映宫、三清观、双泉观、中会寺、大安寺、朝阳寺等千山宫观、寺院共同主持此次法会。前来参观此次法会的有全国各地道观及诸山仙长、寺院大德高僧，奉天府辽阳州府官员、各界人士、商贾宝号、十方善信两万余人。辽阳州南沙河弟子许耀敬立"玄天上帝"匾额一块。是日，五龙宫道旗飞扬，钟鼓仙乐，香烟缭绕，鞭炮齐鸣，那盛大庄严的庆典，是千山道观有史以来人数最多、规模最大、影响最广的一次。

重饰文彩　再振玄风

道光末年，在通往五龙宫的山道上，急匆匆地走来一位道长。只见他头戴混元巾，脚踏十方鞋，手执清静拂尘，身披千针袖袄；耳大鼻隆，额高眉阔，两道闪电般的神光，从眉骨下那双眸中洞射出来。他就是新任第六代五龙宫主持段圆吉道长，这已经是他为重修及扩建五龙宫第九次下山化缘了。

段圆吉，吉林市人，俗名段士吉。段士吉从小失去了父亲，十五岁便担起了养家的重任。他非常孝顺母亲，爱护弟弟，其孝母之名传扬于

◎ 历史上的五龙宫全景

百里之外。十七岁时，上门为他提亲议婚的人就非常多，但都被他婉言拒绝了。

道光二十三年（1844年）九月，霜寒露清，刘永珍携弟子来到段士吉的家乡传道。段士吉看到刘永珍道长不牵世利、唯慕清虚而佩服不已。同时他也认清世事无常，繁华若梦，便决定弃绝尘务，隐迹林泉。这时他的弟弟已经长大，能担起照顾母亲的责任，遂拜刘永珍为师，师赐法号段圆吉。从此，在恩师的引导下，他一面守志千山，精勤修道不懈；一面专研丹书，努力实践道教养生之法。

段圆吉接任住持后，率徒众大兴土木，修缮扩建五龙宫殿堂坛宇，涂金描彩，收徒传道，使五龙宫得以迅速发展，气象日新。至咸丰二年（1852年）时五龙宫已经建成大门三楹，门左钟楼一座；正殿三楹，殿之左经堂三楹；右斋堂三楹；东庑五楹为客堂、静室；西庑五楹，中一楹为便门，余为碾房、书房、静室；西山有观音阁三楹，供奉观音、玉女及红孩儿；大门左侧为祖师堂，右奉七圣、龙王、土地、山神、五道、火神、虫王；正殿供俸真武、邱祖、药王、灵官等诸尊神。

值得一提的是五龙宫所供奉的龙王爷，那可是十分灵验的神祇。龙是我们华夏民族的图腾，这一点相信大家都知道。至于庙宇，几乎是有水源的地方就可能建有龙王庙。尤其是我国这样的一个农业大国，农民占全国总人口的百分之七十以上，种田离不开雨水滋养，离不开水的灌溉，所以从古至今，农民拜祷龙王爷祈雨，保佑一年五谷丰登，六畜兴旺，已经形成了一种根深蒂固的民俗。

据相关史料记载，我国民众旱天求雨的习俗当追溯到商朝。当初王畿内发生旱灾，成汤在山上设坛向上天祈雨时，占卜的史官说："拜祭除了要用牛羊作牺牲，还要用人牲。"成汤听后生气地说："我祭祀祈雨就是为了百姓，怎么能再让无辜的人作牺牲呢！"通过这段记载，一方面说明成汤的仁义，另一方面也说明祭祀祈雨在当时不仅是民间行为，还演化成了一种帝王的政治行为。

自从西汉以后，祈神求雨的仪式更加复杂化了。这是因为，西汉之后佛教渐渐传入中国，土生土长的道教也初具规模。这两种宗教在中国立足后，便成了祈雨活动的主角。但传统的以龙祈雨的方式并没有消失，而是与道、佛的祈雨方式逐渐结合，减少了一些巫术的成分。隋代还专设有祈雨的祭坛，当第一次祈雨没有见灵验时，皇帝则下令禁屠，迁走集市，官员不得打伞用扇，让居民造土龙，皇帝自己还要穿素衣，不坐正殿，或干脆露天办公，还要减少御膳的数量，撤掉乐队，以示祈雨的意志和决心。

下面是明世宗朱厚熜亲自带领百官和民众到郊坛祈雨，并在得雨后所赋的一首诗。

烟雨腾腾述苑林，老龙惊起状千寻。
三农此刻欢稼秀，百谷成时喜赋吟。
嘘呼还本原阳气，震荡须资雷雨临。
莫谓尔君六事否，且喜恩霖抵万金。

◎ 五龙宫五龙壁

  道教中所说的"龙",是上古神话中的通天神兽,是升仙的坐骑。道教的法术中有一种称为"乘蹻"的,就是乘坐神兽飞上天空,与神仙往来。他们所乘的神兽有三种,即龙、虎、鹿,分别称为"龙蹻"、"虎蹻"和"鹿蹻",其中以"龙蹻"为最上等。后来因为早期佛教的传入,把道教中的龙也附会为王,大有后来者居上的意味,于是道教奋起直追,发挥了上古宗教中"龙"的神性,赋予了"龙"主掌天下水源的神灵尊位,分配给"龙"许多安疆守土之责。无论湖海河川、渊潭池沼,甚至井泉之内,凡有水之处,都有龙王"驻守"。

  由于道教是本土宗教,道教的龙也就更加中国化,因而更加易于中国民众的心理接受。道教的龙不但能降雨除旱,能救火防灾,在祈雨时还可以捎带提一些其他方面的祈求,如求福、长生、官职、疾病、住宅凶吉等等,大有包打天下的气概。所以,这样一来,道教中龙的"龙施雨沛"也更多了一层人情味和传奇色彩。

  五龙宫在庙宇修缮完工后,段圆吉还派徒弟、弟子收集道教经典数百卷陈列宫中,以供道众参学;还广施功德,救济远近贫病饥寒,修桥铺路,捐学施药,名声日隆,远播四方。一年四季到五龙宫祈愿上香、朝真礼圣、还愿谢神者络绎不绝。

  咸丰六年(1856年)五月,辽阳大旱,两个多月没有下雨,地里的庄稼苗已经开始枯黄,眼看着就要颗粒不收,人们心急如焚。

  过了端午节,辽阳州、海城县的老百姓纷纷到州府、县衙要求官府组织祈雨。辽阳州知州亲自率领众官员及百姓,按惯例准备了酒醴、香烛、纸钱,抬着龙王像沿街游行,呼喊求雨之声不绝,浩浩荡荡向五龙宫而去。沿途各家各户的门口放置水桶,满盛清水,内插柳枝,求雨队伍走过时,该户家里人站立门外,与求雨者同样呼喊,至虔至诚。

  五龙宫早已经接到祈雨要求,搭建好祈雨法坛,前坛案桌正中供奉昊天金阙玉皇大帝,两旁供奉龙王和真武大帝,摆设各种供品、香、花、水、烛;法坛上设有檀香炉、檀香碟、法简、令牌、黄表纸及各种法器;法坛上方有"金楼玉室"横联一幅;下面悬挂"八卦图",表示求八卦神引路。

法坛两边各书"迎真榜",表示迎接老祖真人、五方五老始祖降临法坛助法;后坛上方悬吊"琉璃仙灯"(也称神灯),表示仙辉人间,案桌上供奉黄灵、青灵、白灵、赤灵、黑灵始老神像,以香烛果品供奉。祈雨法仪由段圆吉道长亲自主坛,担任高功。"其职也,道德内充,威仪外备。天人归向,鬼神共瞻。蹑景飞章,承领宣德。惠周三界,礼绝众官"。

郭圆融道长为都讲法师,主管讲经说戒宣法。"其职也,洞辅该通,法度明炼。赞唱仪矩,领袖班联。玄坛步趋,升座讲说。昭符人望,默契人心"。

马圆贵道长为监斋法师,主管科仪典法。"其职也,总握宪章,典领科禁。纠正坛职,振肃威仪。周密察非,从容受简。有严有翼,毋滥毋㸒"。

祈雨法会在仙乐的演奏中开坛,进行了祝颂宝诰、发愿、唱偈、念咒、

◎ 龙王塑像

步罡踏斗、掐诀叩齿、存想通神、宣读表章等一系列科仪活动。祈祷天神、龙王怜悯黎民，尽快降雨。整个法会历时三个小时，礼仪庄严肃穆，场面宏伟壮观。

到了晚上，果然大雨滂沱，天遂人愿，泽被善众，福佑辽阳。旱情随之消除了，官民们惊叹五龙宫的灵异神奇，感激道士们的祈雨救灾之恩，从此更加信奉神仙。

丹心向道：
王全林再筑丰碑

道院恢宏已不群，峰巅殿阁势凌云。
脚底烟霞笼旭日，耳畔鸟鸣又逢春。
飞檐崇峙霄汉外，月影轻氲淡云新，
丹台羽客天生就，千华此处瞰莲心。

丹心向道　云游访仙

一座古老而宏伟的宫观，传承着古老的道教文化，一位已羽化升仙的道教大师，用他的经历记录下了一座道教丛林的兴衰史。

我们且从王全林方丈的身世及经历入手，通过对他的身世、入道、云游、学道、修道、弘道历程的描述，详细叙述他一心向道的笃信之诚，给后继之人留下一部可供鉴殷的道教丛林史诗。

我们把尘封的历史画卷打开，翻到1928年的1月4日，这一天，一位后来成长为光耀中国道教丛林的"天将降大任于是人"的人物，诞生在吉林省辽源市东辽县泉太乡六马村的一户贫苦农民家庭，他就是王长林。

王全林的俗家姓名叫王长林，出家后，师赐法名叫王全林，道号阴阳子。

王长林童年时家境贫寒，六岁时，母亲因病无

◎ 王全林方丈法像

钱医治而去世，抛下他和一个小妹妹与父亲相依为命。可是，"漏屋偏遭连阴雨，破船又遇顶头风"，他八岁时，父亲被日本鬼子抓了劳工后被折磨致死。八岁的王长林眼睁睁地看着他至亲的人一个一个死去，自己却无能为力，人世间最大的痛苦莫过于此！唯一的宣泄方式是痛哭，可是哭完了他还要面对一个重要的问题，即安葬父亲。可是没有棺材，没有寿衣，没有坟地。为了让在苦难中枉死的父亲不至黄土压脸而弄口白茬薄棺，他经人苦劝把年幼的妹妹卖给人家做了童养媳，也是想给小妹妹一个生存下去的机会。因为在当时那种人吃人的社会里，那个"上无片瓦，下无立锥之地"的家对他来说，别说养活妹妹，自己能不能活下去都是个问题。自从安葬了父亲，小妹妹被人领走，孤苦伶仃的他为了活下去，只好去给财主家放牛。

在财主家里，放牛的还够不上伙计，只能吃财主家长工伙计们的剩饭，菜更是"奢侈品"了，能喝到一碗白菜汤，对他来说都赶上过年了。有时放牛回来晚了，伙房里没了剩饭，他只能吃刮下来准备喂猪的锅嘎巴，就着水吞下去就算一顿饭了……这样苦难的生存境地，一直魔鬼般纠缠着他的童年。

在给地主扛活的长工里，有一位能讲古说书的人。每到晚上，这人都会讲一段关公、包公、八仙、封神榜里的故事。王长林对里面的人物非常崇拜和痴迷，产生了学仙访道、救世济贫、追求幸福的想法。十三岁时，王长林准备于吉林省西安县（今辽源市）福寿宫出家。

福寿宫始建于清光绪二十三年（1897年），开山祖师为道教金山派大师王坐全道长。选址于龙首山南麓，背依龙山之首，青山苍翠，山脚下东辽河蜿蜒东来，碧水欢歌，一路西流而去，是一处山水俱佳、钟灵毓秀的风水宝地。

王长林来到福寿宫向住持提出了出家的请求，但因为年龄太小，体质太弱而遭到了拒绝。但是王长林并没有灰心，一直在山门前长跪数日，他的恒心和一片诚笃之志，终于感动了师爷杨然明，把他接收入庙做了一名道童。别看王长林年龄不大，长得又瘦又小，但是苦水里泡大的孩子什么

苦都能吃,他在几年中做遍了庙里的所有杂活,而且无论做什么活,他都能做到尽职尽责,追求尽善尽美,因此深得道众们的好感和爱护。三年后,已经十六岁的王长林被福寿宫正式"冠巾"(为出家道士),拜善是春道长为度师,师赐法号王全林。从此,王全林走上了学道修行之路。

孟子曾经说:"舜发于畎亩之中,傅说举于版筑之间,胶鬲举于鱼盐之中,管夷吾举于士,孙叔敖举于海,百里奚举于市。故天将降大任于是人也,必先苦其心志,劳其筋骨,饿其体肤,空乏其身,行拂乱其所为,所以动心忍性,曾益其所不能。人恒过,然后能改。困于心,衡于虑,而后作。征于色,发于声,而后喻……然后知生于忧患,而死于安乐也。"(语出《孟子·告子下》)孟子这段话的意思是:"舜是从田野之中被选拔任用的;傅说是从筑墙工作中被举荐任用的;胶鬲是从贩卖鱼盐的工作中被举荐任用的;管夷吾是从狱官手里释放后被举荐任用为相的;孙叔敖是从海边被举荐任用进了朝廷的;百里奚是从市井中被举荐任用登上了相位的。

◎ 五龙宫原迹山门

所以上天将要降落重大责任在这样的人身上，一定要先使他的内心痛苦，使他的筋骨劳累，使他经受饥饿，以致肌肤消瘦，使他受贫困之苦，使他做的事颠倒错乱，总不如意，通过这些事使他的内心警觉，性格更加坚定，增加他不具备的才能。人经常犯错误，然后才能改正；内心困苦，思虑阻塞，然后才能有所作为；这一切表现到脸色上，抒发到言语中，然后才会被人了解……忧愁患难可以使人生存，而安逸享乐则会使人萎靡死亡。"

用道教修行的语言讲，这就是"筑基"。

当然，在"筑基"的过程中，人的感受、感觉和感知往往是很痛苦的。但只要人能细心地去体会这段经历，就可以起到磨炼性格，增加自身尚不具备的才能的作用。

悲观的人把磨难当做惩罚，乐观的人把磨难当做炼性。

王全林虽然出身贫寒，没有上过学，没有读过私塾，但是他小时候非常喜欢听"说大鼓书"，什么《包公断案》、《封神榜》、《八仙过海》都喜欢听。后来进了福寿宫，有了生存保障，也有了学习文化和看书的机会，他就自己去找来一些书读，不论道教典籍还是小说、鼓词，他发现了就都要找来看，对读书简直着了迷。由此他从中学到了不少的文化知识，也懂得了许多做人的道理。这样不但丰富了学识，也为他后来进入道教界上层领域打下了坚实的基础。

周文王因于汤阴羑里而演《周易》；孔子困陈蔡而著《春秋》；屈原被放逐陵阳而写《离骚》；孙膑遭膑刑而著《兵法》；司马迁受宫刑而著《史记》……许多成就了一番事业的人物，都有过一段苦难的经历。

王全林的少年时期饱经磨难，以及后来历经人世波折，令他造就了"不以物喜，不以己悲"的性格，同时也坚定了他"丹心向道，志在玄门"的决心。

1943年，王全林转到沈阳太清宫挂单。修为学习一年后，又到山东崂山、泰山停栖一年有余。随后就开始了他四海云游，浪迹天涯，遍访名山大川，参拜玄门求道，寻找大师点化的生活，他的足迹几乎踏遍了大半个中国。1945年，又到北京白云观挂单学习。1946年去杭州玉皇山、高池山，再转道江西龙虎山上清宫拜谒天师府，接下来又去了南岳衡山的半山亭、成都的青羊宫。1948年，他再次启程去了陕西刘坝县张良庙，又到周至县的楼观台八仙庵，饱览了太上老君西渡函谷关著《道德经》五千言的"说经台"，访求长生久视的玄门道法……数年之中，王全林游江西，下广西，进广东，闯云南，走四川，过贵州，去甘肃，一路上以山果野菜为食，以山窟岩洞为屋，以路边草丛为床，化缘乞讨维生，昨夜才经苦雨，今宵又饮悲风，有多少回饿昏街头？有多少次病卧沟壑？他已经无从回忆了。只记得，每当他命悬一线时，总会遇到好心人搭救相助，使他一次次化险为夷，一回回死而复生……

二十二岁那年，王全林来到陕西华山修行。在"四方洞"中苦心修行的那段时日里，他的主要工作是天没亮就赶到山下的集市，采买来东峰、西峰、天尺瞳等道观生活所需的各种物品，然后挑着这二百多斤东西攀崖登山送到各个道观，以换取一点维持自己生存的必需品。暮年时节的他仍依稀记得，在陕西"四方洞"修炼的三年中，他每日里仰吸日精，俯接地气，饥食淡饭，渴饮山泉，甚至以何首乌、黄精、百合为"代食品"。苦则苦矣，劳则劳也，但正是因为这样艰苦卓绝的生活，才锻炼成了他百折不挠的坚韧性格，铸就了他"行如风，立如松，坐如磐，声如钟"的仙家体魄。

在山里那种"万丈红尘飞难到，洞内乾坤无纪年"的岁月里，王全林于不知不觉中，从青年韶华步入了壮年，虽功德将满但大道未成的他，忽然起了思乡之念。等他回到阔别了十多年的家乡辽源祭祖时才发现，展现在他眼前的故土已经是"萧瑟秋风今又是，换了人间"！

那是1951年，当时中华人民共和国已经成立三年了。

中华人民共和国的崭新气象，让他这位饱经旧中国苦难的道士心潮澎湃，感慨万千，真正体味到了什么叫"新旧社会两重天"。

在家祭祖完毕，王全林先入沈阳太清宫修炼了一段时间，转过年，于1952年的春天，启程来到千山无量观，投到老道长于诚印的门下，继续修炼道果。

1957年，千山成立僧道宗教生产合作社，要求他们走自食其力的道路，过上社会主义新生活。王全林和道众们积极响应,他出任了合作社的副主任之职,统筹千山僧道日常事务。同一年,北京召开全国道教协会第一届全国代表大会,王全林作为辽宁省两名出席会议的成员之一,代表千山和辽宁省道教界出席了大会。会上,他们受到了朱德委员长的亲切接见并合影留念,王全林还作为辽宁省的代表做了大会发言。从北京回来后,王全林就像换了一个人,全身心地投入到了千山寺庙宫观建设和僧道学习中,每日里不辞辛劳地奔波于千山香岩寺、中会寺、大安寺、龙泉寺之间,本着"释道同源"的宗教宗旨,以自身的威望在僧友和道友中做说服、引导、劝解工作。

就在王全林忠心耿耿执行党的新宗教政策,一心要把"释道"两教领入"同结一心,共同向善"的境界时,不想风云突变。1958年受"极左"思潮的影响,王全林和一些道友被迫离庙还俗。时隔不久,"文化大革命"的风暴又铺天盖地席卷而来,把王全林和一干道众从千山赶出,"发配"到鞍山铁西钢都公社二台子大队,戴上了"牛鬼蛇神"的"钢盔铁帽",从事农业生产并接受劳动人民的"监督改造",社会大潮又一次把他卷入了凡夫俗世的滚滚红尘之中……

◎ 老照片

重新出山　再筑丰碑

南北朝时北齐的刘昼在他所著的《刘子·大质》中说:"丹可磨而不可夺其色,兰可燔而不可灭其馨,玉可碎而不可改其白,金可销而不可易其刚。"刘昼这话的意思是说:"朱砂可以被研磨,但不能改变它的红色。兰草可以被焚烧,但不能消除它的芳香。玉可以被打碎,但不能改变它的洁白。金可以被融化,但不能改变它的刚韧。"我们引申过来,指一个人的坚贞品格,是不会因为挫折和打击而改变的。

"文革"中,王全林尽管自己正在遭受着无情的打击,饱尝心灵深处的创伤,但是他"毁而不惧,弃而不伤",把这些都当成了自己修道中的魔障,追求大道信仰和出家人以慈悲为怀的心志历久弥坚,遇人危难之时,仍以出家人的慈悲胸怀去"度世救人"。在他被分派担负山林防火巡视检查工作期间,经常会在山里碰到一些被造反派折磨得生不如死的人躲进山林欲寻短见,或者是被造反派打得半死不活后扔到山沟等死的人,都被他想方设法地解救了下来。

王全林坚信,黑夜再长,也终有天亮的时候。

有一次,王全林巡山时,在祖越寺至无量观"太极石"的半山腰处,发现一个人倒在地上昏迷不醒。他急忙喊来人,帮他一起用门板把那个人抬到千山结核病医院,那人因抢救及时而逃离了死神的魔爪。后来他才知道,那人竟是鞍钢原党委书记谷正荣。

在那段非常岁月里,王全林究竟挽救了多少轻生者和濒临死亡的人的生命,连他自己也记不清了。多少年后,当那些人携妻带子来感谢他这位救命恩人时,他只是淡然一笑,却记不起人家叙述得有枝有蔓的那件事情了……

◎ 万绿丛中的五龙宫

"长夜难明赤县天,百年魔怪舞翩跹"。可是"文革"动乱的"长夜"没有难明,那些妖魔鬼怪们也没有能够"翩跹舞百年"。十年"动乱"后的1976年,"一唱雄鸡天下白,万方乐奏有于阗"了!

1976年,这个永远载入史册的一年,"晓色云开,春随人意,骤雨才过还晴"。随着"文革"浩劫的残渣余孽被清理出历史舞台,被丢进了历史的垃圾箱,党的各项宗教政策也逐步得到了落实。时任辽宁省宗教局长的高森同志及辽宁省道教协会会长战全生找到王全林,"三顾茅庐"请他出山,主持道教大事。当王全林历劫十年后,再次回到千山无量观的时候,闯入他眼帘的竟是令人心伤欲碎的满目疮痍!宫观殿堂被砸烂,许多国家级文物被毁,破砖烂瓦一地,断碑残垣横陈……对于恢复悠久的宗教文化,人们都不禁失去了信心。就在这种时刻,王全林响亮的一句话,让所有在场的人心为之一震!当辽宁省宗教局长高森用目光询问他怎么办时,王全林毫不迟疑地说:"党和人民的需要,就是我的誓愿!"

长风破浪会有时,直挂云帆济沧海。

1979年9月,王全林回到无量观,在省宗教局、鞍山市委和千山管委会等领导的支持下,重新组织成立了千山僧道生活管理委员会,他亲自出任副会长。从此,千山各寺院宫观又重新开始了正规的宗教生活。王全林决心大展宏图,为恢复道教事业奉献自己的一切。

但是,经历"文革"浩劫后的千山寺庙、道观大都已经残破不堪,所有神像几乎被毁损一空,到处是一片废墟瓦砾,杂草丛生……面对这种现状,王全林五内如焚。他说:"千山是无价的,历史是最珍贵的。我们什么都可以创造,唯独自然环境与历史遗产不可能再生。我们什么都可以没有,但历史文化必须要永远保留。先人留给我们的遗产,我们必须要继承下来,保护好它们,再一辈一辈地传承下去!"

可以想象,当时我们的国家历经十年浩劫,元气大伤,百废待兴,要恢复千山道教事业,各级政府也是心有余而力不足,谁也拿不出一笔钱来补偿千山僧道生活管理委员会,更没有什么专项资金可拨,有的只是政策上的支持和精神上的鼓励。在这种情况下,王全林一不等,二不靠,三不向上伸手要,而是凭着自己多年来在佛教、道教两界的威望,以及在社会善信中的声誉,不辞辛劳,跋山涉水,四处奔波,先是找回千山原有的僧侣和道士,把"文革"中落难的佛、道教界人士迎请回来,安顿好他们的衣食住行,带领他们清理、修葺残破的寺庙和道观。接下来,他又四处募化,八方求援,从各地请来古建筑和塑像、雕塑的老艺人,为各个寺院、道观修缮房舍殿宇,再塑神像金身。经过两年多的艰辛努力,终于使这座历史名山的香火又旺盛起来,重新焕发出了勃勃生机和圣灵气象。

宗教恢复大业有了非常显著的成果,这让辽宁省、鞍山市等各级领导看到了希望,脸上也都露出了笑容,他们勉励王全林再接再厉,一定要把千山的宗教事业发扬光大。但是王全林心里明白,虽然眼下恢复工作有了进展,但这只是"万里长征"刚起步,宗教恢复事业仍然任重而道远。1984年,鞍山市道教协会成立,王全林被推选为副会长。这时,关于修复千山五龙宫的问题,也被有关政府部门正式提上了工作日程。

千山五龙宫始建于乾隆三年,历经晚清和民国多次扩建,已经成为千山乃至全国建筑规模最宏伟、最久负盛名的道观之一,所以辽宁省、鞍山市等各级领导对五龙宫的修复工作非常重视。可正因为其久负盛名,在"文革"中遭受的损毁也最严重,要修复它谈何容易啊!这不光需要政策的支持,还需要大量的人力、物力和资金。为了重新振兴千山五龙宫,让这座传承近三百年的道教圣地重新焕发出异彩,王全林自告奋勇,担当起了修复五龙宫的重任。

身入玄门修炼道行几十年的王全林知道,在《道藏》经典里,是没有"困难"这个词的。在道家人的眼里,困难不过是"魔鬼"的化身而已。所谓"道高一尺,魔高一丈",就是这个道理。只有把自身的道行修炼得更高,才能降服磨炼你的"魔"。王全林来到五龙宫"走马上任"时,这座早年他非常熟悉的宫观已经破败得惨不忍睹!原先高大的殿宇几乎倒塌殆尽,宫院内到处是破砖烂瓦、断碑残石,杂草长到没膝之高;断壁残垣像一个个衰朽的乞丐,隐卧在蓬蒿之中苟延残喘;昔日宽敞的甬道变成了堆满瓦

◎ 道士们在菜园劳动

砾垃圾的羊肠小道；八名响应号召归观的道士，似乎比这座古老的宫观更加残朽，年龄最小的七十二岁，年龄最大的已经一百○一岁了……要想收拾好五龙宫这盘残局，即使三首八臂的哪吒临凡下界，恐怕也要大费一番周折。

王全林没有被眼前的困难所吓倒，相反更加激励起了他修复庙貌、重振五龙宫声威的雄心壮志。在一无资金、二无人力、三无物力的困难情况下，他四处求援，八方募化，修复工作首先从中殿、大殿串瓦大修入手，治理好了殿堂渗漏问题。接着又重金礼聘来身怀绝技的海城老艺人韩孟林为大殿神像重塑金身，仅用了几个月的时间，就重塑了真武大帝、邱祖、药王孙思邈、站童等九尊神像，并使其再现金身归于神位。与此同时，一并启动的大殿粉刷、彩绘工程也同步完成，于当年农历九月初九举行了隆重的开光庆典。原鞍山市副市长赫恩龙亲自到场剪彩祝贺，并发表了热情洋溢的即席讲话。在讲话中，他对王全林道长知难而进、敢挑重担的爱国爱教精神，给予了充分的肯定。

1987年，王全林为了改善宫内的文物质量，提高广大善男信女对五龙宫道教神祇的信仰度，增强宫观的观赏性，又到河北省曲阳县东亚艺术雕刻厂定制了一尊汉白玉观世音圣像及善财龙女神像，一尊墨玉"王灵官"神像，汉白玉大石狮子一对，汉白玉中狮子一对，墨玉小狮子一对，还有一尊墨玉大香炉。又对观音殿进行了重新彩绘，并于当年农历九月初九举行了"观世音菩萨"开光典礼，再次邀请赫恩龙市长莅临指导。

赫恩龙对五龙宫一年一小变，三年大变样的变化感到非常高兴，对五龙宫的修建成果和王全林为道教事业做出的贡献给予了高度评价和赞扬。

在筹划五龙宫修复建设的几年中，王全林通过深入勘察发现，虽然五龙宫地处千山中沟丁香谷的风景胜境，占据了一定的地理优势，但是五龙宫要想长足发展，仅凭这一点是远远不够的。当时，王全林就有一个想法，他认为，随着国家改革开放政策的实施，社会经济的进一步发展，旅游业的兴起是必然趋势。而旅游事业的发展，又是宣传爱国主义教育和扩大宗教宣传的最佳途径，游客们来五龙宫，在观光赏玩的同时，既间接地受到了道教的传统教育,还能领略到古老中华文化的光辉。于是,王全林从"改善环境、美化宫观、增修建筑、扩大宣传"上入手,修复了朝阳洞,在龙潭湖畔建起鹤真草堂一座,又新建了五龙宫聚仙阁和三处度假村,度假村有仿古式建筑二层小楼二十多栋,还建起了老年静修室三间和养老堂一处。同时为了增设景观亮点,又在五龙宫东南方向建起了小龙门蓄水双湖一座,八卦放生池一处。其中尤其值得持笔一书的是,八卦放生池的建成使用,既体现了道家慈悲为本的好生之德,也为五龙宫增加了一处靓丽的景观。难怪当时有人在为八卦放生池题词时这样赞美道:

八卦炉,八卦池,神火仙水相辅相济
一宝鉴,一银盘,素月寒星共圆共明

在道教界,历来有个"多募化,多捐献,多建设,多累功"的传统遗

◎ 正修建中的老君殿

风，他们把这叫做"修功果"。2002年，王全林又主持在八卦放生池中央修筑起一座高十四米的七层宝塔，周围铺起六千多平方米的绿茵草坪，竖立起功德碑两块。

五龙宫最宏大、最雄伟、最壮观的建筑当首推老君殿，在东北道教亦当推首位。老君殿始建于1996年，整个工程投资一千多万元，历时三年才竣工开光。在老君殿筹建和工程上马开工期间，年近七十的王全林不顾自己年老体衰，亲自统筹安排，周密计划，监察施工，还专门请来沈阳军区三十六军工兵营前来助阵。

◎ 原国家领导人、政治局常委尉健行视察五龙宫时与王全林方丈、王高静大师合影

正是因为有了子弟兵的无私支援，披坚历险，开山炸石，昼夜奋战，才使老君殿得以圆满建成。建成后的老君殿雄伟高大，气势磅礴，势欲摩天。尤其是凤凰石下一段，原来游人根本无法攀登上去。为了利于人们攀登，用花岗岩条石铺砌了一道上山的梯阶石路，建造起了一条五百延长米的栈道式"空中桥梁"，两侧又用无缝钢管修成护栏，终于使过去的"天堑"变成了现在的通途。曾有一吉林籍作家登临玉皇阁时赋七言诗一首，称道其胜：

凤凰石路险难攀，遥望峰头如上天。
而今云栈凌空架，玉皇阁上会神仙。

翻开五龙宫发展史中新的一页,从中我们可以看到,王全林仙师在主持五龙宫二十多年中,不仅倾注心血将五龙宫殿宇修复、扩建一新,也为五龙宫的将来发展开创了新的篇章。现在的五龙宫占地面积达三万六千平方米,建筑面积达两千三百多平方米,整个殿宇群融贯古今建筑经典,依山借势,层层叠起,恢宏壮丽,错落有致,与周围群峰浑然一体,人行其间有如身临仙境之感。

重修扩建后的五龙宫有十二大建筑群:玉皇阁凌云而立,老君殿雄震八方,护法殿灵通神奥,九天玄女殿声名远扬,三官殿神祇威赫,财神殿富丽堂皇,观音殿慈航普度,真武殿护佑四方,七圣殿庙貌庄肃,灵官殿宝相灵光……

当我们走进五龙宫,欣赏它今天的崭新庙貌和壮丽景观时,仿佛又看

◎ 五龙宫冬韵

到了王全林仙师辛劳奔波的身影。他扩建五龙宫的光辉业绩,将永久载入千山的史册;他振兴五龙宫的无量功德,必将作为玄门仙迹而传颂千秋;他为道教的传承及继往开来所作出的卓越贡献,也将永远激励着五龙宫一代又一代道长……

心怀苍生　济世度人

王全林方丈在 1990 年就提出了"爱国爱教爱人民"这一道教的行为准则，并在道教界经常演讲，教导道众成为一名真正有道德、有修养、有学识、德才兼备、全面适应社会的好道士，并以身作则。1999 年 8 月，五龙宫为受水灾的地区捐款人民币 54646 元；1995 年为吉林省东风县水灾捐款 2000 元；为辽宁省扶贫协会捐款 3000 元；为千山韩家峪小学生王淼捐医疗费 2000 元；为贫困村民捐建房款 42000 元；1996 年为建小学共捐款 38000 元；为修桥修路捐款 23000 元。为见义勇为的学生，为受灾的农民，为失学的贫困学生，王全林方丈捐了无数的款，谁又能记得清呢？大德无碑，大象无形。王全林方丈爱国、爱教、爱人民的准则，慈善乐施的无数义举，

◎ 王全林方丈在打坐

◎ 王全林方丈在法事道场上跪祈国泰民安、风调雨顺

使五龙宫对外赢得了很高的声誉，对社会也产生了深刻的良好影响。

王全林方丈在六十多年的修道行道生涯中，在传统医学和导引养生方面摸索出了一套"五行健身术"，调治病人主要用拍、打、推、拿、掐等方法，打通任督二脉，保持经络畅通，让血液正常循环。经他手调理康复的善男信女达上千人。

《中国道教》杂志在1991年就曾刊登过王全林方丈救人的事迹，全文如下：

> 1991年大年除夕上午巳时，千山五龙宫的全体道士正要进膳的时候，在千山通往道观鎏金庵的山路上，躺着一位二十多岁的男青年，口吐白沫，不省人事，已经奄奄一息了，幸而被住守在鎏金庵里的蒋道士发现，因他独身一人长年在这座孤庙里修行，连一个帮手也没有，他只好打电话向千山五龙宫的王全林老道长报告。
>
> 当时王全林道长带领五龙宫全体道友正准备吃年斋，突然接到了

蒋道人打来的电话。王道长向众道友恭手说道:"刚才接到鎏金庵打来的电话,发现一位男青年躺在山路上,已经不省人事了,千山管理局职工大都放假回家过年去了,我现在要立刻赶到那里去救人,今天中午的除夕年斋,我就不能陪同众道友进膳了。"然后转身骑上一辆自行车,沿着崎岖的山路,不一会儿便消失在茫茫林海的雪地里了!

王全林道长自幼出家,如今已年近七旬,但耳聪目明,精神抖擞,走起路来身轻似燕,从五龙宫到鎏金庵这十几里柏油山路,他骑自行车仅用了十几分钟。他远远看见一个青年人躺在路旁雪地里,头枕在蒋道人的腿上,口中的白沫吐了一地。他急忙下车为青年人诊脉,然后对蒋道人说:"是服毒自杀!命在旦夕,只要能使胃中的毒物吐出来就有希望。"之后,王道长用导引之法,终于使服毒青年胃中的毒物连同食物一同吐了出来,吐得王道长的手上、脸上、胡须上、道袍上、道履上全是奇臭难闻的饭菜和毒物。过了一会儿,轻生青年呻吟了一

◎ 王全林方丈在习武

声,王道长说:"看来有救了,虽然毒物随同食物一同吐出来了,但是已经被胃肠吸收的毒物,还需要到医院用药物解毒法抢救,你在此继续照顾病人,我去找车送医院。"说完便转身而去。

王道长又骑上自行车跑到数里之外的公路上,冒着刺骨的寒风,站在十字路口,焦急地等待着来往车辆,等了许久,终于盼来了一辆大卡车,司机在他的感召之下,答应去帮助救人,但汽车开到鎏金庵的羊肠路口便进不去了,因为再往里走还有大约半里远的鹅卵石小路,于是王、蒋两道人不顾脏臭把轻生青年连抬带背地弄上了汽车,因鎏金庵里无人,王道长叫蒋道人回去看庙,自己跟汽车来到了千山结核疗养院急诊室。王道长挂号、交款、取药、交付押金、打扫卫生,忙个不停,又从轻生青年的衣兜里找到了遗嘱和工作证,他用电话和轻生者的单位联系,可是大年三十都放假,值班人员一时又脱不开身。等到轻生青年的家属从鞍山市内找到千山结核医院的时候,天已变黑,病人也转危为安了。

当轻生青年的父母向王道长千恩万谢并再三问他的道号及住处,待日后去登门答谢的时候,王道长摇头笑道:"出家人一向以慈悲为本,区区小事何足言谢,救人一命,胜造七级浮屠!施主不必多问了,此乃缘分呀!缘分呀!乾坤轮转,来日方长,望你们好自为之吧!贫道去也。"便稽首转身而去。

王全林道长走出医院大门,已是鞭炮齐鸣、焰火满天的除夕之夜了。当轻生青年的父母追至十字路口,欲偿还王道长替付的药费和押金款的时候,王全林道长早已消失在冰天雪地之中了。

振兴中华　　弘扬道法

踏着时代激昂的前进鼓点，迈着承前启后的庄严步伐，人类社会进入了新的科学时代。人类思想意识与时俱进，宗教的"修行理念"也在与时俱进，使之更加适应时代发展的旋律，更加适应社会进步的步伐，更加适合参加社会活动的需要，也更加符合时势政治的需要。

2001年5月20日，为期十天的"罗天大醮"法会在山西绵山大罗宫举行。

◎ 凡尘胜仙境

"罗天大醮"是道教斋醮科仪中最为隆重的大型宗教活动之一。"罗"即为罗天。道教将三界以上的极高之处称为"大罗天"。以"罗天"名"醮",说明其所请神灵品位之高、数量之大以及醮仪功德之高。"大醮"的意思是说仪式规模宏大,参加道众的人数多。其所招请的神灵有"三清至尊,十方上圣,玉京金阙天帝天真,十方师尊圣众,三界官属一切威灵"等一千二百神位,主要有"开坛、张榜、请圣、祝将、礼斗、上表、回向、送圣"等程序仪式。

这次"罗天大醮"法会,旨在祈祷新世纪"世界和平、国家昌盛、祖国统一、人民幸福",促进各民族之间的团结,以发扬道教优良传统,交流道教法事科仪,推动道教事业的健康发展。

王全林作为中国道教协会副秘书长,并以东北道教代表团团长的身份,率领辽宁省道教界三十多名人士参加了此次盛会,与来自全国十三个省、市的名山道观,以及中国台湾、香港、澳门与新加坡、韩国等地区和国家的团体及代表约三百多人,举行了以"学术性、互助性、团结性"为主题的思想交流。

在这次"罗天大醮"盛会上,王全林做了《道与社会》的发言,提出了"爱国、爱教、爱人民"的道教理论,受到了与会众多代表的积极回应和称道。

他说:"道的最高境界是经世处事,安身立业,奉献社会,适应社会,升华人格,追求目标。学道之人首先要按'孝、悌、忠、信、礼、义、廉、耻'八德规范自己的行为,要做到为国尽忠,敬信节用,爱民如子,在自然无为和为而不争中得到人们的拥戴和尊敬,才能修成无私无欲的完美品德。爱国家,爱民族,爱人类,还应怀有一颗道德心、慈悲心、清静心、度世心、勤俭心、平等心。积极参与正常的社会活动,努力将道教的道义真精神融入社会……只有参与社会,才能为社会所关注;只有服务社会,才能在社会中延续发展;只有融入社会,才能获得社会公平赐予的位置;只有向社会奉献真爱,才能获得社会的呵护与帮助;只有建功于社会,才能取得自身存在的价值……这样不仅有利于推动社会的进步,有益于道教

◎ 全国政协副主席叶选平与王全林方丈合影

事业的发展,也更符合道教的根本精神……"

通过这次"罗天大醮"的交流,不仅增进了整个东亚道教各派之间的友谊和了解,也扩大了东北道教的知名度。

由于多年来在发展宗教事业上的突出贡献,王全林被推举为中国道教协会副会长、辽宁省道教协会会长、辽宁省政协常委、鞍山市道教协会会长、鞍山市政协常委、中国道教方丈大律师等诸多职务。但是他没有被这些职务拖累住,也没有躺在"功劳簿"上享受几天清闲之福,仍然一如既往地为道教的持续发展而奔波忙碌,为恢复一些道观圣地而劳神费力。

本溪九顶铁刹山是东北道教的发祥地,它坐落在本溪满族自治县境内,最高峰海拔912.9米,山势险峻,峰峦叠嶂,气势雄伟,风景秀丽。铁刹山有五个峰,中峰元始顶,东峰玉皇顶,南峰灵宝顶,西峰太上顶,北峰真武顶。因为从东、南、北三个方向仰望群山,皆可望见三个峰头形似铁叉,故而被称为九顶铁刹山。而九顶铁刹山最负盛名的,就是人们所熟知的八宝云光洞。相传周武王伐纣时破十绝风吼阵，曾经向在此修炼的长眉李大仙借用过八宝中的定风珠。除此之外，还有日月乾坤洞、天桥洞、风月洞、郭祖塔、天然井、大阳云台卷舒山、天官庙、三清观等道观名胜。可就是这样一座已历三千多年的名山名胜古迹圣境，现在已凋零得不成样子了。

王全林在视察中经过实地考察，当即找到当地政府有关部门，协调研究恢复、修建大计，并亲自参与铁刹山的未来发展规划、设计等工作。本溪市市委、市政对此给予了高度的重视，委派市人大副主任陈芳洲亲自主持指导修复工作。后来经过王全林的不懈努力，以及政府与社会各方面的大力支持，铁刹山旧貌大换新颜，道观秩序井然。随后，他又安排他的徒弟祝真玄住持铁刹山，为这座东北道教祖庭的承前启后，全真道脉统绪的继往开来，作出了重大的贡献。

千山鎏金庵原名刘家庵，在千山北部的刘家谷内，早年间因为这座庙宇的瓦檐是用金包裹的，因此又名鎏金庵。民国初期，监院王理钧嫌这名字太俗，改称鎏嘉庵。随后不久，又更名为鎏金庵。

鎏金庵创建于清光绪六年(1880年)，原有大殿三间，东西配殿各三间，建筑面积192平方米，均为硬山式建筑。大殿内供奉有玉皇大帝、慈航道人、关圣帝君神像，还有药王祖师孙思邈和黑老太太。这里四周奇峰环抱，古木参天，花草飘香，蓄草过膝，树木繁茂，群峰竞秀，地上百花盛开，姹紫嫣红，树上百鸟争鸣，美景宜人。因这里过往游人不多，显得分外幽静，来人如入仙境。特别是春暖花开时节，殿前梨花雪白一片，洒满道院，一派古朴幽静，显得格外洁净素雅。只是因为年久失修，大殿、庵院多处已经残旧不堪。

王全林在视察时发现这一问题，立即安排徒弟蒋真杰接手住持了鎏金庵。师徒二人经过数十天的研究设计，规划出了鎏金庵的重建和扩建远景规划并马上着手实施。几年就把旧庵整饬一新。

时至今日，当游人走进鎏金庵，一定会被这里的秀山奇峰、古树香花所陶醉。据说这里供奉的神祇也非常灵验，只要你诚心拜祭，感动天地神灵，一定会有求必应。

沈阳太清宫原是王全林入道之初挂单修行的第一处道教宫观。

沈阳太清宫始建于大清康熙二年(1663年)。据《太清宫丛林历史志略》记载:"康熙癸卯春,奉省畿内,旱且甚。祖师郭守真,迎请至奉,尊为师长,择省垣砖城西北角楼外水泡一段,撤水填平,特建道庙一区,本名慈恩寺,又名'三教堂'。至乾隆四十三年(1779年)房屋计三十五楹。翌年,赵一尘任监院,重修扩建,祠宇达八十八楹,规模始备,遂改名为'太清宫'。为道教十方常住丛林,也是东北第一道教丛林。"然而,就是这样的一处东北道教祖庭,自郭祖铁刹阐教,全真道脉兴起于盛京,数百年来久负盛名的太清宫,却因承教乏人,多年管理失序,道众性情懒惰,人心浮动,相互猜忌,矛盾丛生,把这一道教圣地糟蹋得破烂不堪。

1994年,沈阳市宗教局领导三次来到千山五龙宫,邀请王全林去太清宫解决那里的管理问题。

◎ 春到千华山

　　王全林组织成立了太清宫管理委员会和沈阳市道教协会，自己亲自兼任会长和主任。为了整顿庙风，他群策群力，走访道众，交流思想，在用人上因材施用，逐个解决矛盾。同时制定了规章制度，细化了管理机制，理顺了道众的责任规制，并在学习、防火、接待、外事往来、开放自养、注意事项等方面制定了二十余条太清宫管理方案，从而严肃了庙规道制，使太清宫的管理走上了正轨。随后，他在道众当中挑选了德才兼备的出家人李志国接任太清宫监院。

　　王全林自十六岁离开家乡，但是他始终没有忘记故土对他的恩养之德。1991年，当已逾花甲的王全林重新踏上这块土地，看到这里虽然也经历了改革开放，却由于地处偏僻，经济发展还相当落后，他不禁心潮澎湃，感慨万千，遂下决心要为家乡的发展尽自己的一份绵薄之力。经过一段时间的考察和调研，他决定以辽源福寿宫为支点，以弘扬道法为主线，与开发旅游业相结合，拉动辽源市地区的经济发展。当他把自己的计划和设想讲给当地领导听后，吉林省辽源市委、市政府的领导非常高兴，当即表态一定给予全力支持。时任市委书记的赵振起高兴地说："就按老方丈你说的做！有什么困难，你可以随时随地来找我们，我们一定当好你的后勤！"

　　福寿宫始建于清光绪二十三年（1897年），开山祖师为道教金山派大师王坐全道长。福寿宫选址于龙首山南麓，背依龙山之首，青山苍翠，脚下东辽河蜿蜒东来，碧水西流，可以说是风水宝地。经过王坐全等数位祖师五十多年的修葺扩建，至中华人民共和国成立前夕，已依山而上建成由五进大殿为主，多栋建筑相配合的传统殿宇建筑群。后来，福寿宫不幸毁于战火，又经历了"文革"浩劫，昔日的楼台殿宇几乎荡然无存。临山一览，满目断壁残垣，空谷野花，走磷飞萤，风凄露冷，疮痍一片，让人睹之，不禁怆然泪下！

　　王全林不顾花甲高龄，带领爱徒赵理修等奔波往来于祖国各地，游走于众多善信之间，募化筹措善款，1993年，一座崭新的福寿宫终于奇迹般地展现在了人们的面前！令那些当初持怀疑态度的人不禁目瞪口呆。

　　在这里，我们且引用一段当时的新闻报道以为佐证：

"文革"之后，党的宗教政策得以落实，辽源地区人文景观百废待兴。适逢辽宁省道教协会会长王全林大师回乡探亲祭祖，访拜母庙，潸然泪下，遂生重建母庙之宏愿。大师多方募化，历时两年，至1994年出资人民币一百五十余万元，恢复重建成慈航殿、三官殿、护法殿、二进东西配殿、斋堂寮舍、碑林、武场、角门、围墙等较具规模之建筑，恢复了中断多年的宗教活动。福寿宫重新开光之日，辽源市十万人参加了开光法会。人天同庆，自此宗教活动兴旺，信众云集，香火旺盛……

在回顾那段往事时，王全林不但毫无居功自傲之色，反而谦逊地说："我虽然做了点儿事，但那都是我分内应当的。我们应当说，在重建辽源福寿宫的过程中，主要是当地政府十分重视，各级领导都给予了大力支持，还有就是全国的诸多善信的襄赞。当时的吉林省省长曾亲自过问，辽源市委的前后几任书记、市长都亲自抓。在涉及选址、动迁、立项、审批中一路绿灯，所以才使福寿宫得以顺利竣工。这在其他地方是很少见的……"

新建成的福寿宫占地面积四万多平方米，建筑面积一万多平方米，成为辽源市的主要旅游景点，有力地拉动了当地社会经济的发展。

王全林在担任中国道教协会副秘书长、辽宁省道教协会会长、五龙宫监院等职务近二十年的时间里，先后督导、筹资、规划、修缮、建设了哈尔滨太阳岛圣清宫、辽源福寿宫、西丰猴石山普安观、千山太和宫、鎏金庵、普安观、鹤真草堂等宫观庙宇，立下了不世之功。现在王全林道长虽然已经羽化升仙，但是他创下的无量功德将永远铭记在人们的心中。

承继教制　千山传戒

"三坛大戒"是全真道授受传承的根本戒律，是由"初真戒"、"中极戒"、"天仙大戒"三戒为主的三坛传授方式。道书上讲，受天仙戒者称妙道师，受中极戒者称妙德师，受初真戒者称妙经师。持三百中极大戒毫无过犯者，才能被授予天仙大戒，因此称之为"三坛圆满天仙大戒"。由于受戒道士必须经过一百天的戒期，所以又称为"百日圆满三坛大戒"。

初真戒立"持戒、出入、事师、视听、言语、盥栉、饮食、听法、出行、起立、坐卧、作务、沐浴"等"威仪"十三种共二百条。中极戒的戒文有三百条，因此又称之为"太上老君中极三百大戒"。遵初真、中极戒律，谨慎修行，至天仙大戒，则心地光明，德充道极，无戒可说，无律可持。天仙大戒是为"戒无不戒，不戒乃戒，或无所戒，乃为真戒"。

据说，太上玄门戒律始于元始说法，虚皇演教，太上亲传于下界，历代师师相授，祖祖流传。金元时期，长春真人邱处机亲创玄都律坛，立"三坛圆满大戒"之规范。从此律法整肃，戒风畅扬。对于规范全真道士的身心修持起着非常重要的作用。临坛受戒，也成为每一个全真道士梦寐以求的人生夙愿。

传授初真、中极、天

◎ 千山壬午大戒掠影

仙三大戒开戒坛时，首先要有德高望重的方丈主坛，设证盟、监戒、保举、演礼、纠仪、提科、登箓、引请共八大师协理戒坛事项。传戒受戒，目的在益善止恶，归真舍妄。

自从元朝长春真人邱处机订立传戒仪范开始，到现在全真传授戒法已经有七百多年的历史。清康熙年间，王常月方丈在北京白云观开"三坛大戒"，广度弟子，使全真派道风大振。清末民初时，北京白云观、沈阳太清宫、西安八仙宫、汉中张良庙等全真道十方丛林都曾多次举办过传戒活动，但规模都不够宏大。后来，1947年又在四川成都二仙庵举行过一次，从那以后，由于连年战乱，一度停止，一直到中华人民共和国成立后，再没有举行过。

由于诸多历史原因，传承数百年后的开坛放戒已中断了数十年。直到党的十一届三中全会后，党的宗教政策得到了全面的正确贯彻落实，为了弘扬全真优良传统，1989年，北京白云观举行了中华人民共和国成立后的第一次全真传戒活动。在那次传戒活动中，只有七十五名全真道士参加了受戒活动，其中乾道（男性）占百分之六十，坤道（女性）占百分之四十，绝大部分都是青年道士。通过那次传戒活动，戒子们学到了道教知识，提高了道德素质，既有益于个人修持又利于道风的弘扬。

随着国家改革开放的深化，为了适应新时期全真派发展的需要，中国道教协会于1995年11月在四川青城山举行了中华人民共和国成立后的第二次传戒活动，全国各名山宫观的求戒弟子近千人参加了这次传戒活动。这次传戒活动历时二十多天。经过戒坛审核，发给戒子"净戒牒"，以及《初真戒》、《中极戒》、《天仙大

◎ 千山壬午大戒掠影

◎ 千山壬午大戒掠影

戒》、《守戒必持》等经书律文。另据《中国道教协会关于全真道传戒的规定》，律条以《初真戒》为基础，参照《中极戒》、《天仙大戒》为备存戒条。沿用过去的戒条，以不与国家宪法相抵触为原则，全真教各派统一传戒，统一律条。受戒弟子须本人自愿和宫观推荐，字辈仍按照原派谱系，受戒者必须住庙出家三年，爱国爱教，信仰虔诚，蓄发大领，威仪整洁，能诵《早晚功课经》。所有戒子都要跟从方丈大律师及各律坛大师登上庄严神圣的玄都律坛，领受聆听宣讲太上戒律。戒期中进行了迎师礼、演礼、考偈、审戒、诵皇经、礼斗忏、讨论戒条、传授衣钵、发放戒牒、普表谢神、铁罐施食等仪式。

2002年8月22日至9月11日，千山五龙宫方丈升座和中华人民共和国成立以来全真派第三次传戒法会，在辽宁省鞍山市千山五龙宫隆重举行。本次入坛受大戒的弟子近两百人，受方便戒的弟子也有两百人左右，他们来自全国各名山宫观。

8月22日上午9时，全体戒子、经乐师、八大师衣冠整齐，在五龙宫山门前列队恭迎王全林方丈入宫。王全林方丈在无量观监院王崇道引道和仪仗、经乐师、八大师及侍者的护持下，逐殿点香礼拜后，在请堂举行了隆重的升座仪式。

仪式后，在宫外广场举行了祝贺王方丈升座和开坛传戒的庆典。全国政协常委、中国道教协会会长闵智亭代表中国道教协会在方丈升座和开坛传戒庆典上讲了话。他首先祝贺王全林道长荣升为方丈并在五龙宫开坛传戒，并感谢关心和支持道教事业的辽宁省各级政府和各界贤达。他在讲话中肯定了辽宁省道教工作的成绩，指出："开坛传戒，是道教承续教制、完善教制建设、规范道教徒言行、提高道教徒素质的一项重要措施。希望领戒道众持戒精严，以戒律行，加强自身建设、道风建设和信仰建设，树立良好风范。进一步完善宫观管理，使道教活动能如法如仪。"参加方丈升座和开坛传戒庆典活动的除全体戒子外，尚有来自海内外的嘉宾二百余人。出席盛典的还有中国道教协会副会长黄信阳、唐诚青，秘书长袁炳栋，副秘书长袁志鸿，辽宁省政协原主席孙奇，副主席李国忠，省民宗委主任于永强，省宗教局局长张贤焕，鞍山市人大常委会副主任刘兆清，市政协主席郎英，市委统战部部长李宝昌，香港蓬瀛仙馆馆长黎华，香港赤松黄大仙学会会长罗美玉，台湾三清总庙主任委员陈进富等。另外，来自各省市道协、名山宫观的代表及中国香港、台湾等地区以及新加坡、马来西亚等国家的同道与朋友也参加了庆典活动。国家宗教局一司向传戒法会发了贺电，许多名山宫观也向本次方丈升座和传戒法会发来了贺电。

以真诚、和平、友谊为宗旨，传戒法会做到了育人、度人，圆满完成了道教传统科仪，既为中国人民造福，同时也为世界人民造福，使华夏古老文化流传全世界，使广大道教徒深刻认识到只有拥护中国共产党的领导，坚持走社会主义道路，国家才能兴旺发达，道教事业才能健康发展。

经戒坛审核，戒子们都领到了"净戒牒"和经书律文，领戒弟子们纷纷表示，今后要更严格要求自己，谨遵祖师戒条，恪守国家法律政策，爱国爱教，为弘扬道教优良传统和国家的繁荣富强作出自己的贡献。

在道教中，方丈大律师是最高的荣誉称号，只有道行高深、贡献突出、德高望重的道士才能获此殊荣。王全林从道六十余年，潜心修炼，功果累累，众望所归，当之无愧，这同时也了却了王全林多年夙愿，达到了他人生的巅峰。

有一位在这次传戒大法会上受戒的弟子曾撰文说："我们作为一名全真弟子，能够参加这次教内最为隆重的传戒法会，是我今生最大的荣誉。通过这次受戒，使我加强了对爱国爱教的教育认识，明白了道教的兴衰与国运休戚相关的道理，也更加坚定了我的道教信仰。戒期虽然已经结束，但我永远不会忘记戒坛上王全林方丈大律师和各位大师的教诲。今后，我一

定以戒律规范自己的身心行为，做一个名副其实的道教真人，为弘扬道教尽我一份力。我愿将本次受戒作为修持道路上新的起点，以戒为师，努力使自己成为一名合格的玄门弟子，终生为道教事业而奋斗。"

　　如今，王全林仙师虽然已经羽化，荣升仙界，但是他的功果修为却永驻人间，激励着我国道教后辈承传之人继往开来，再接再厉，再创辉煌，使道教继续发扬光大，传世千秋……

人杰地灵：
玄门神韵五龙宫

千山绝顶与天通，石阶小道凿远空。
上有莲座仙人台，下有圣境五龙宫。
八十一化自然成，九天玄女佑众生。
请君何妨登临看，画里钢城一望中。

八十一化济世图

千山五龙宫最大的建筑当属老君殿。老君殿建筑面积二百八十平方米，殿高十三米，殿宇前墙体高二十六米，一律选用花岗岩长方条石加钢筋水泥浇铸而成。墙外护栏为汉白玉材质，雕镂玲珑，美观大方，工艺精湛。正门廊柱楹联镌刻的是太上老君十四字养生诀："玉炉烧炼延年药，正道行修益寿丹。"这十四个字为汉字译音，原字为太上老君的天书玉文。

老君殿外正对殿门中心，设置有一尊三层黄铜宝鼎，殿廊中檐下高悬木雕蓝底横额大匾，上镌有我国佛教界名人、著名书法家赵朴初先生亲笔所书的"老君殿"三个金色大字。当阳光从山峰松隙间映照到大殿与宝鼎之上时，顿显光芒万道，瑞彩千条，蔚然壮观。令人仿佛置身于大罗天上、金阙宫中，正端坐静听道祖太上老君演说道义道法。

大殿内迎门正中供奉太上老君泥塑彩身坐像，他手持阴阳八卦图，面南端然上坐，其塑像高七米，至大至尊，德善德信，一览天下，万教归一。两旁壁画选材为太

上老君随方设教、历经劫数、度化众生的八十一化身图。

我国名山大川道观庙宇众多,几乎都奉祀有老子的圣像。以老子八十一化身为内容的奉祀殿宇壁画也屡见不鲜,但是极少能比得上千山五龙宫太上老君殿内的八十一化身图,那么布局有致,色彩斑斓,金碧辉煌,

画法精细，完美无缺，独居众观之上。这套精心创作的老子八十一化身壁画，绘制面积达二百多平方米，分布在太上老君殿的三面墙壁上，讲述了老子化身到人间为民造福、为民解难、发展道教事业的八十一个故事，已成当代道教文化中的艺术珍品。

老子作为道教的最高圣神，被称为太上老君。据《道经》记载，太上老君屡世为王者之师，老子八十一化图，就是关于老子历世化身现世的故事。这些故事在道经中有诸多讲述。至于连贯成文的记述和有籍可查的，大多来源于《混元圣经》或《犹龙传》。

《混元圣经》是南宋谢守灏为老子所写的一部传记。因宋真宗尊老子为"太上老君混元上德皇帝"，故此这部书就取名为《混元圣经》了，后来又名之为《太上老君混元皇帝实录》，现存于《正统道藏》九卷。全书取编年体例，记叙自开天辟地以来，至北宋徽宗年间，老子灵迹变化、入世作圣师及历代崇敬等事迹，是集各种史籍、老子传记及其他神仙传记中所记的老子神话故事编撰而成。

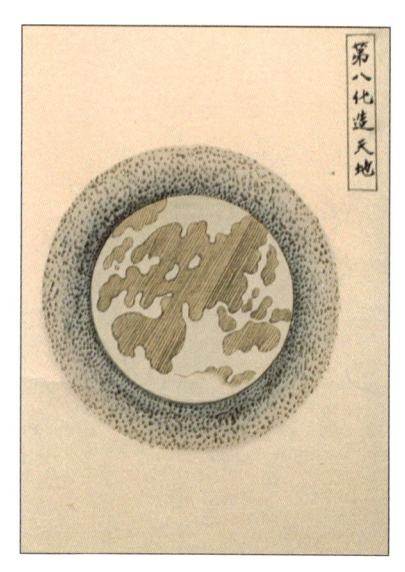

记载中说，老子从三皇五帝以来，就成了历代皇帝的老师：伏羲时的郁华子，祝融时的广寿子，神农时的大成子，轩辕时的广成子，少昊时的随应子，颛顼时的赤精子，帝喾时的禄图子，帝尧时的务成子……均是老子的化身。周成王时老子为柱下史，号经成子；周昭王时西出函谷

关，度关令尹喜；西汉文帝时（前179—前156）降于陕河之滨，号河上公；汉成帝时（前32—前6）降琅琊，授于吉《太平经》；汉顺帝汉安元年（142年）降蜀地鹤鸣山，授张道陵天师《正一盟威》秘录；神瑞二年降于嵩山，授道士寇谦之"太平真君"之号；唐武德二年（619年），降于羊角山，令吉善行转告高祖："我乃帝祖也……"

具体的《老子八十一化身图》，是清朝末年"丹台碧洞宗"易心莹高道提供资料，由王伏阳方丈历时三年整理完成的一部反映老子悲悯化人、劝人为善的书籍。书中通过老子历世化生人间、教化人民的八十一个故事，劝人为善，一心向道。

纵观老子八十一化身显圣图，主要讲述的都是老子前世、诞世、仙后三个阶段的故事。也是本着道教徒的根本信仰，即老君为无世不存之至尊

天神的思想观念，刻画描绘了老君起于无始，直至宋绍圣五年（1098年）的显化事迹。

老子的故事与传说流传甚广，在中国几乎是家喻户晓，充满着神奇，是人们极为熟悉的神祇，又是道教之祖。

相传太上老君生于天皇氏之初，通晓天地自然之理。在天界被称为万法之师，老君虽历代都有所显化，但是始终也没有诞生于世，为了和光同尘，借以临凡传立世教，他从太清仙境分神化气，寄胎到玄妙玉女腹中，怀胎八十一年却迟迟未能分

娩,至商朝武丁庚寅年的二月十五,玉女梦见天开数丈,一群真人捧日而出,旁边祥云缭绕。玉女醒后,起身来到园中,此时正值旭日初升,玉女站在李子树下,手抓树枝,对日凝望良久。慢慢地,旭日越升越高,只见日精如一道流星从天坠下,如五色彩珠飞到玉女口边,玉女忙捧住吞到口中,随即忽然从左肋下诞下一小儿,这孩子一生下来就走了九步,步落之处,莲花绽起。他左手指天,右手指地,说道:"天上地下,唯道独尊,我当开扬无上道法,普度一切动植众生。"

玄妙玉女将他扶坐在李树下,他又指着树说:"这李树的名字就是我的姓。"这时,阳景重耀,瑞霭荫庭,万鹤翔空。玉女看去,见他白发白眉白胡子,满脸皱纹,眉宽耳阔,目如深渊,完全一副老翁模样。玉女带着他到池中洗澡,忽见九条龙驾云而来,化作九条巨鲤,吸水为他喷浴。见到他的人都觉得非常奇异。老子生下九天,身体便有九变,到了六岁时,自觉双耳长大,取名为"聃",于是人们称他为李聃。

周朝立国,前后八百余年,周文王时,老子被召为守藏史,武王、成王时又为柱下史。

老聃居周日久,学问日深,声名日响,春秋时称学识渊博的人为"子",以示尊敬,因此,人们就称老聃为"老子"。

公元前538年的一天,孔子对弟子南宫敬叔说:"周之守藏室史老聃,博古通

今,知礼乐之源,名道德之要。今我欲去周求教,你愿同去否?"南宫敬叔欣然同意,随即报请鲁君,鲁君准行,遣一车二马一童一御,由南宫敬叔陪孔子前往。老子见孔丘千里迢迢而来,非常高兴,教授之后,又引孔丘访大夫苌弘。苌弘善乐,授孔丘乐律、乐理。引孔丘观祭神之典,考宣教

之地，察庙会礼仪，使孔丘感叹不已，获益匪浅。逗留数日，孔丘向老子辞行，老聃送至馆舍之外，赠言道："我闻之，富贵者送人以财，仁义者送人以言，我不富不贵，无财以送你，愿以数言相送。当今之世，聪明而深察者，其所以招祸而屡至于深，在于好扬人之恶也。为人之子，勿以己为高；为人之臣，勿以己为上，望你切记。"孔丘顿首道："弟子一定谨记在心！"

行至黄河之滨，见河水滔滔，浊浪翻滚，其势如万马奔腾，其声如虎吼雷鸣。孔丘伫立岸边，不觉叹曰："逝者如斯夫，不舍昼夜！黄河之水奔腾不息，人之年华流逝不止，河水不知何处去，人生不知何处归？"闻孔丘此语，老子道："人生天地之间，乃与天地一体也。天地，自然之物也，人生，亦自然之物。人有幼、少、壮、老之变化，犹如天地有春、夏、秋、冬之交替，有何悲乎？生于自然，死于自然，任其自然，则本性不乱。不任自然，奔忙于仁义之间，则本性羁绊。功名存于心，则焦虑之情增。"孔丘解释道："我乃忧大道不行，仁义不施，战乱不止，国乱不治也。固有人生短暂，不能有功于世，不能有为于民之感叹矣！"

老子道："天地无人推而自行，日月无人燃而自明，星辰无人列而自序，禽兽无人造而自生，此乃自然为之也，何劳人为乎？人之所以生、所以死、所以荣、所以辱，皆有自然之理、自然之道也。顺

自然之理而趋,遵自然之道而行,国则自治,人则自正,何须津津于礼乐而倡仁义哉?津津于礼乐而倡仁义,则违人之本性远矣!犹如人击鼓寻求逃跑之人,击之愈响,则人逃跑得愈远矣!"

稍停片刻,老子手指浩浩黄河,对孔丘说:"你何不学水之大德呢?"孔丘曰:"水有何德?"老子说:"上善若水。水善利万物而不争,处众人之所恶,此乃谦下之德也。故江海所以能为百谷王。天下莫柔弱于水,而攻坚强者莫之能胜,此乃柔德也。故柔之胜刚,弱之胜强坚。

因其无有,故能入于无间,由此可知不言之教,无为之益也。"孔丘闻言,恍然大悟道:"先生此言,使我顿开茅塞也。众人处上,水独处下。众人处易,水独处险。众人处洁,水独处秽。所处尽人之所恶,夫谁与争之乎?此所以为上善也。"老子点头说:"你可教也!你可切记,与世无争,则天

下无人能与之争,此乃效法水德也。水几于道,道无所不在,水无所不利,避高趋下,未尝有所逆,善处地也。空处湛静,深不可测,善为渊也。损而不竭,施不求报,善为仁也。圜必旋,方必折,塞必止,决必流,善守信也。洗涤群秽,平准高下,善治物也。以载则浮,以鉴则清,以攻则坚强莫能敌,善用也,不舍昼夜,盈科后进,善待时也。故圣者随时而行,贤者应事而变,智者无为而治,达者顺天而生。你此去后,应去骄气于言表,除志欲于容貌。否则,人未至而声已闻,体未

至而风已动，张张扬扬，如虎行于大街，谁敢用你？"孔丘道："先生之言，出自肺腑而入弟子心脾，弟子受益匪浅，终生难忘。弟子将遵奉不怠，以谢先生之恩。"说完，告别老子，与南宫敬叔上车，依依不舍地向鲁国驶去。

回到鲁国，众弟子问道："先生拜访老子，可得见乎？"孔子道："见之！"弟子问："老子何样？"孔子道："鸟，我知它能飞；鱼，我知它能游；兽，我知它能走。走者可用网缚之，游者可用钩钓之，飞者可用箭取之，至于龙，我不知其何以？龙乘风云而上九天也！我所见老子也，其犹龙乎！学识渊深而莫测，知趣高邈而难知，如蛇之随时屈伸，如龙之应时变化。老聃，真吾师也！"

春秋战国时代，中央天子力量削弱，各地诸侯相互混战，称王称霸，政局混乱。这时的思想界也异常活跃，出现了儒家、墨家、法家、兵家等"百家争鸣"的局面。周昭王时，老子去官归隐，深居简出，不求闻达，创立了道家学说。

他以"道"为天地万物的本原和本体，论述了一阴一阳为道的哲学思想、无为而治的社会政治学说和清心寡欲的个人修炼理论，建立起一整套恢宏而深邃的宇宙人生观。后世道教就以老子的"道"为最高信仰，相信凡人通过一定的修炼就可长生不死，得道成仙，由此得名道教。老子被尊为"太上老君"，奉为"道祖"。

老子通达天地之道，深知其说难行于

当世。周昭王 23 年，老子决定离开周朝，西行出关，到西域去。当他骑着青牛缓缓西行之时，有位知音早已在远方恭候他的到来了。

通往西域的漫漫长路上有座边关，叫函谷关，守关的关令名尹喜。尹喜自幼聪慧好学，尤善天文，能观星象，看云气。当上关令后，他就在附

近一个小山丘上搭了一座观望台，观测天象。

这一天他正站在台上观望，只见圣星西行，又望见东方紫气相连，冉冉向关口移了过来。尹喜大喜，他立即通知官吏做好准备，清扫道路四十里，夹道焚香，以迎圣人，自己全身披挂，出关相迎。不多一会儿就见到一位相貌非凡、仙风道骨的老者，骑着青牛慢慢向关口行来。

拜见老子后，尹喜将老子接至馆舍，设座供养，行弟子之礼。至此，西陲边关那座古朴简陋的馆舍便夜夜灯火长明。尹喜问道于老子，大至天地之情，中及国家兴亡，小到修身处世。而这一切，都离不开一个终极话题，那就是道。

尹喜深感老子之言实为人间大道，他知老子将隐，无法挽留，便请他著书一册，劝教后人。老子沉思默想，将他的智慧一个字一个字地写在了简牍上，他以王朝兴衰成败、百姓安危祸福为鉴，溯其源，用简单的文字把他关于道德的思想写下来。全书共五千言，分为上下两篇，上篇起首为"道可道，非常道；名可名，非常名"，故人称《道经》；下篇起首为"上德不德，是以有德；下德不失德，是以无德"，故人称《德经》。上下篇合称《道德经》。《道经》言宇宙本根，含天地变化之机，运阴阳变化之妙。《德经》言处世之方，含人事进退之本，蕴长生久视之道。

关令尹喜读到这样美妙的著作，深

深的陶醉了,被吸引了,他对老子说:"读了您的著作,我再也不想当这个边境的官了,我要跟您一起出走。"老子嘱咐尹喜潜心修道,千日之后,到蜀都青羊之肆去相会。

函谷关口,风沙阵阵。老子终于告辞起程了,尹喜手捧老子所著《道德经》,目送青牛缓缓西行,消失在茫茫塞外……

公元前206年,秦朝灭亡,汉朝建立,汉朝统治者吸取秦朝苛政亡国的教训,实行清静无为的休养生息政策。这

时,人们把黄帝和老子当做清静无为之道的代表人物,提倡黄老思想与神仙方术相结合的"黄老道"。

汉初文帝在位时,老子再次化身为仙人广成子降世。文帝听说他的道行高超,就派使者召他入宫问道,广成子对来使说:"道德至尊至贵,岂可随意召唤!"于是文帝亲备御驾,前往拜会。见到文帝之后,广成子并未下跪叩拜。文帝坐在车上很不高兴,板着脸说:"这普天之下,都是我的王土,地上万民,都是我的臣民。先生虽然有道,终究还是我的臣下,为何如此自大,不行君臣之礼?要知道,我可以在顷刻之间决定你是死是活,让你变富变穷!"话音刚落,只见广成子拍手一跳,离地而起,冉冉升到半空之中,停在那里,良久才低下头来对文帝说:"现在我上不沾天,下不着地,还是不是陛下的臣民呢?陛下又怎能令我

生死和富贵贫贱呢?"文帝这才真正见识了神仙,连忙下车行礼致歉。

此后,文帝和他的儿子景帝两代帝王都致力于奉行黄老之道,无为而治,经过短短几十年,已是国泰民安,路不拾遗,夜不闭户,一派盛世景象,史称"文景之治"。

当时,烧陶业已经兴起,可是烧陶器却用去大量的木材,大片大片的山林被破坏。山上没有树木,风一起,飞沙走石,大雨一来,山洪暴发,水土流失,山下田园被冲毁,人民生命财产毁于一旦。老君看到这种情况,便想到如何才能使人们不大量伐树,进而保护山林,但还要保障烧陶业的发展。他想到自家的八卦炉内烧的磁炭,何不叫人们来仿效呢?

一天,老君派两位童子驾鹤去嵩山脚下,给一位因劳累而正昏睡的地方长官托梦,言说:"仙长有请先生。"长官遂起身乘鹤前往。但见四周白云飘荡,星斗闪光,又听耳旁嗖嗖风起,山川下退。长官正在心疑,不觉来到一座高大雄伟的古式楼前,楼额题"南天门"三个篆字。长官心想:"南天门连着天宫,天宫乃天帝神仙居住之地,我怎么到此了呢?"又想:"凡人到此,也许有缘,既然来到,游游何妨?"进了南天门,又见一座楼阁更为巍峨壮丽,那楼阁雕梁画栋,金瓦飞檐,脊栖龙凤,透雕门窗,下铺银路,玉树列道,门旁两

第三十四化 说浮屠

第三十五化 降外道

位武士披甲顶盔，握剑执钺的样子十分威武。进了阁楼，又见一旁炉火熊熊，两位童子摇扇鼓风，一位银须飘飘的老人正手捧黑色石头向炉内投去。老人见他到来，亲切搭话："长官，给你添累了。"长官说："不，我也正想来看一看。您的炉火怎么没有烟，还烧得这么旺呢？"两位童子听了，来了

第三十六化 日月

第三十八化 舍于闾

兴趣，抢着插话："这是太上老君，他用的是八卦炉，烧的是太阳石！"老君笑着解释："不错，此乃太阳神提炼的大地精华——太阳石，也叫乌金宝石，还叫磁炭，用它烧火就可以节省大量的木材了。"

长官忽然想起这么多天到各地视察民情，看到陶工大量砍伐山林的事实，总想着怎样才能避免毁坏山林呢。听了老君的话，不由胸怀开朗，顿觉劳累感也消失了。于是，上前求道："太上老君，能否将这些宝物赐给民间，以给民用，实感大德。"老君说："人间此石很多，有的浅露于地表，有的深埋地下，何不挖来燃用？你可拿些样品回去。"长官接过样品，谢别了太上老君，乘鹤出门。一高兴，忽然醒了，原来是个梦。

长官按照梦里老君的指点，带着陶工到山涧沟壑寻找乌金宝石，拿回窑上试烧，果然炉火熊熊，热度比柴火还高，且没有浓烟熏，烧出的陶瓷质坚、声脆、色泽光亮。人们都称赞说："真美呀！"以后人们就把老君赐的能燃烧的宝石叫为美（煤）了。

东汉建安年间，汉中五斗米道首领张鲁降曹北迁，不久，张鲁去世，北方的天师道日渐衰落。北魏时期，当政者崇道，北魏境内的天师道得以逐步恢复与发展。寇谦之在嵩山修道之时，清楚地看到北方天师道原有的组织和制度日趋废弛，内部要求改革的呼声日趋高涨，加之各地农民起义常借天师道的名义组织发动，朝廷忌惮，信道的世家大族也

力图改革这种状况。

神瑞二年（415年）四月初一这天，太上老君乘坐九龙骖驾的白玉车，率领一队仙人玉女降临嵩山，嵩山顿时祥云环绕，殿宇灿然，寇谦之伏地而拜，只听太上老君说："自从天师张陵降世以来，地上很久没有出现可以传道化民之人，我得镇守嵩岳的仙官奏报，说你立身正直，行合自然，可处师位，现在，我授你天师之位，并赐《云中音诵新科之诫》，令你宣我新科，清整道教，你要自勉！"话音刚落，祥云、宫殿和众仙全都不见了，寇谦之得到神授经书，制定出一整套天师道改革方案，使天师道大兴。

唐高祖李渊称帝之时，其子李世民正率军队与敌军相持于绛州，一天，地方官领着一个名叫吉善行的臣民来见李世民。吉善行叩头说道："我是绛州人，名叫吉善行，那天在羊角山上，忽见一位白发老翁骑着牛向我走来，他对我说：'你代我去告诉大唐天子，如今国得圣治，社稷长久，宜在长安城东置安化宫，宫中供奉道像，则天下太平。'说罢腾空而去。不久，我在那里再次见到白发老翁，他问我：'上次我告诉你的事还记得吗'。我说记得，他又说：'我是无上神仙，姓李，号老君，乃是当今皇上的祖宗。亳州谷阳县，有枯桧再生，可以为验，你去入奏天子，转告我说的话，今年灭贼之后，天下从此太平。'"李世民听了，命吉善行入奏高祖，高祖听后大喜，授吉善行为朝散大夫，赏赐御袍等物，并

诏令在羊角山老君显灵处修了一座老君庙，大行庆典。

从此，唐宗室就自称老子后裔，尊"老子"为圣祖，奉道教为国教，置于三教之首。其后数百年间，道教在历代唐主的扶持下，达到鼎盛。

唐代，在云南省大理洱海地区有六个诏，传说这六个诏的诏王是六个彝族亲兄弟，他们的发祥地在现今巍山彝族回族自治县城南的道教名山巍宝山。巍宝山苍松翠柏，古木参天，山泉流淌，百鸟争鸣，奇兽嬉戏，是个山清水秀的好地区。六个诏王的家就在巍宝山下的一个彝族山寨里，这山寨名叫前新村。六诏王的父母亲，即祖师爷和祖师娘，是一对勤劳朴实的彝族夫妇，他们每日耕于巍山（巍宝山的古山名），辛劳度日，生活过得美满幸福，可是快六十岁了，老两口还没有孩子。为此，他们非常苦恼，很希望能够在老年得子，后继有人，使香火不断。

就在老两口满六十岁的这一年，一日祖师爷在巍山耕种山地，中午时分，祖师娘做好了午饭，给老头子送去，他走到巍山的半山腰时，见一位身穿八卦白袍、头戴赤莲冠的美髯公盘腿坐在路边的一块大石头上，右手握着一把鹅毛扇，左手持着一把白拂尘，笑呵呵地望着她，向她乞食。祖师娘看这老人肚子饿得发慌，非常同情他，于是放下背篓，从中拿出午饭，递给美髯公，很客气地说："请吃吧，老师傅！"美髯公接过午饭，毫

第四十七化 碗天垣

第四十九化 諭冲举

不拘束地吃了起来。祖师娘坐在旁边的石头上，微笑地看着美髯公津津有味地吃着饭菜。不一会儿，一盆饭菜就让美髯公吃光了。美髯公把碗筷还给祖师娘，向她道了声谢谢，就双目眯闭，手持羽扇念起经来。祖师娘不便打搅他，收拾起盆子碗筷后，就转身向山下走去，准备回家另给老伴做午饭。

第五十化 授真经

第五十一化 欽措龍

祖师娘回家后，很快做好了午饭，收拾好后又第二次向巍山走去。当她来到半山腰时，那位美髯公仍然端端正正地坐在石头上，在他右边又多了一位中年道士。美髯公见他来了，又指着旁边的那位道士对她说："他是我的徒弟，还没有吃早饭，还有吃的东西吗？"

祖师娘有着好心肠，一听说那道士还没有吃早饭，又赶忙从背篓中拿出饭菜送给那道士。等那道士吃完后，又高高兴兴地收拾起碗筷回家另做午饭。

当她第三次来到半山腰时，那美髯公和那道士仍然端坐在原来的石头上，而在美髯公的左边又多了一位中年道士。美髯公见她来了，指指左边的那位道士对她说："他是我的二徒弟，还没有吃饭，还有吃的东西吗？"

祖师娘二话没说，又热情地再次拿出午饭给了那道士。那道士吃完饭后，和那美髯公及先来的那道士，又聚精会神地念起经来。祖师娘不惊扰他们，又悄悄地收拾起碗筷，背起背篓向山下走去，回家给老伴另做午饭。

再说在巍山上耕种山地的祖师爷，看看太阳都老高了，还不见老伴送午饭来，肚子已饿得咕咕响，他几次放下手中的犁头，走到路口向山下瞭望，总不见老伴的身影。最后他干脆把犁架解了，把两条黄牯子牛吆喝到地边去吃青草，然后来到路口坐在草坪上，一边抽旱烟一边望着山下。这时，他看见老伴背着背篓，弓着腰，正匆匆忙忙地向山上走来。等老伴走近后，他生气地对老伴说："太阳都快落山了，你才送午饭来，你做什么事情去了？"

祖师娘没有吭声，她知道老伴是因为肚子饿了才生气的。她赶紧把菜摆在草坪上，并盛了满满的一碗饭给祖师爷。

祖师爷接过饭碗，发现老伴的脖子上、脸上都流着汗水，一身衣服湿漉漉地贴在肉上，想到平日老伴送午饭从未迟到过，看她今天累成这个样子，准是在家中或路上出了事情。于是便问老伴道："看你这样子，出了什么事情？"于是祖师娘就把在路上碰到的事全告诉给了祖师爷。

祖师爷听后，忙放下碗筷，惊喜地说："你遇见仙人了，那身穿白袍、头戴赤莲冠的美髯公就是太上老君，那两个道士是他的徒弟，右边那位叫张天师，左边那位叫李天师。三师殿塑着他们的像，去年我们还去朝拜过他们，求他们保佑我们生子和幸福，你难道忘记了吗？快，不能怠慢了他们，快下去看看！"

经老伴一说，祖师娘如梦初醒，忙祷告说："老君爷在天，请原谅我照顾不周！"祷告完后，她后悔地对祖师爷说："我们去哪里找他们呢？我刚上来时，他们已不在了。"

"我猜他们不会走远，走快点，我们还会见到他们！"祖师爷一边收拾犁架一边对老伴说。

太阳梭进了西山，晚霞染红了巍山的苍峰翠岭，归林的山雀在树枝上跳跃着。祖师爷扛着犁头赶着牛走在前边，祖师娘背着背篓跟在后边，老两口一前一后向山下走去。当他们来到半山腰时，抬头一看，在一块磐石的上方飘着三朵彩色祥云，美髯公盘腿坐在石头上，红光满面，头戴赤莲冠，右手握着鹅毛扇，左手拿着白拂尘。在他的左右两边站着两个身着灰布道袍的中年道士，便是李天师和张天师。

美髯公笑着对老两口说："寿比南山，福如东海，你们是要长寿还是要享福？直说吧，我会满足你们的要求的。"

老两口见太上老君和他们说话，喜得无言以对，口中连连说道："不要什么不要什么！我们小户人家只求五谷丰登，吉祥平安，就心满意足了。"

老君见老两口为人忠厚老实，对他们说："你们无儿无女，我知道你们的苦衷。"说着就拿出六颗宝珠送给祖师爷，说："今后你家香火不断，儿孙满堂，世袭为王。"边说边用鹅毛扇在祖师爷的犁把上轻轻地敲了六下，然后把手向空中一挥，那三朵彩色祥云立即飘将下来，分别落在老君和两个中年道士的脚旁，于是他们三人就驾着祥云慢慢地向空中飘去了。

老两口见此情景，赶忙双膝跪地，双手合掌向空中的老君和道士作揖告别，直

到完全看不见他们的身影了，才从地上爬起来，收拾东西下山回家。从这以后，祖师娘突然有了身孕，第二年一胎生下两个儿子；第三年又怀了第二胎，也是一胎生下两个儿子；到第四年又怀了第三胎，还是一胎生下两个儿子。在短短的三年时间内，祖师娘三胎生下六个儿子，这消息像春风

吹遍了山野,一下子传遍了远近村寨。一时间前来贺喜的人门庭若市,寂静的山寨到处是欢声笑语,祖师爷老两口喜得合不拢嘴。

说是奇事也真是奇事,每当祖师娘生下两个儿子,老君送给祖师爷的六颗宝珠也就少了两颗,到祖师娘六个儿子落地后,祖师爷的六颗宝珠也就全不翼而飞了。后来人们才知道,原来老君送给祖师爷的六颗宝珠是仙珠,它们转世成了祖师爷的六个儿子。六个儿子长得很快,转眼间都成了年轻小伙子。他们个个腰阔体壮,英俊威武,一表人才。六个儿子中又数老大天资聪明,超群出众,生得浓眉大眼,仪表非凡,没做过的事他一看就会,田里农活样样会做,十八般武艺件件精通,四书五经背得滚瓜烂熟。老两口特别宠爱他,给他取了个小名叫细奴罗。

当时巍山(旧称蒙化)、南涧、弥渡三县为一个大部落,主寨设在弥渡,巍山和南涧为分寨,部落长名叫张乐进求,是朝廷命官的僰人。那时弥渡有一座铁柱庙,每年农历正月初一至十五,弥渡和巍山、南涧几个分寨的彝汉各族人民都要去朝拜铁柱庙。传说朝拜后可以消灾灭病、六畜兴旺、五谷丰登、人丁兴旺。更有趣的是部落长张乐进求下了一道诏书,诏书说:"凡来朝拜铁柱庙的人,不分贫富贵贱,只要能够把铁柱上铸着的金雀朝拜下来,就让位给他,并把女儿嫁给他。"张

乐进求的闺女长着一双聪明美丽的丹凤眼，生着一副百灵鸟一样的好歌喉。她唱起山歌来能使树上的小鸟停止歌唱，而来静听她的歌声；她的音容笑貌让月亮里的嫦娥见了，也自觉羞愧不如；许多年轻的小伙子都倾倒在她的脚下。这诏书一下，四面八方的小伙子立刻云集到铁柱庙。朝拜铁柱庙的人川流不息，可是年复一年，就是没有一个人能把铁柱上的金雀朝拜下来。

细奴罗长到十八岁的这年，恰好是朝拜铁柱庙的极盛年，他和五个弟弟一同去朝拜铁柱庙。初一这天，他们弟兄六人来到铁柱庙，细奴罗刚向铁柱庙朝拜，铁柱上的两只金雀突然扑打了几下翅膀，鸣叫一声，同时飞了起来，在铁柱庙上空盘旋一周，然后飞了下来，一只落在细奴罗的右肩上，一只落在左肩上。朝拜的人群个个惊喜若狂，团团把细奴罗围了起来。彝族小伙子吹起了笙箫，彝族姑娘跳起了欢乐的歌舞，向他庆贺。这两只金雀直到正月十五下会才从细奴罗的肩上飞去。张乐进求履行自己的诺言，召见细奴罗，请他当王，并把女儿嫁给他。细奴罗推辞不受，张乐进求一再请他即位，细奴罗无法推让，只好指着一块大石头发誓说："如果我该当王，剑必入此石。"于是举起宝剑向石头砍去，只见剑起刀落，火花飞溅，细奴罗的宝剑果然入石三寸。细奴罗不好再推辞，于是当了王，并择日娶过张乐进求的女儿完婚。后来人们为了纪念

细奴罗盟石当王这件事,就把这个地方的一个村子叫做盟石村,就是现今巍山彝族回族自治县庙街乡的盟石村。细奴罗当王后,在巍山境内的巄屿山筑城建都,建号大蒙国(又叫蒙舍诏或南诏),自称奇嘉王。随后他又带兵收复了大理洱海地区的许多个分散的小部落,分设了五个诏,即邆赕诏、

施浪诏、浪穹诏、蒙巂诏、越析诏,并按功劳大小,分别委派自己的五个弟弟去当这五诏的诏王,自己为南诏王,这就是云南大理洱海区有名的六诏之说。

细奴罗即位后,为了报答老君降化弟兄六人为王的恩赐,在巍山(巍宝山)老君打坐石的下边建盖了老君殿,内祀老君、张天师和李天师,让他们永世享受人间的香火。老君殿如今还巍然屹立在巍宝山的前山之中,以雄奇壮观和精湛的建筑艺术,迎送着来来往往的游客。

上述内容,就是老子八十一化身显圣的一些神话故事。无论这些故事是由推演而来,还是实有其事,老子的圣德形象早已深入人心,已是不争的事实。现如今,老子已经跨海越洋,走向世界,无论什么种族和肤色的人们,都对老子产生了浓厚的兴趣。

前苏联著名汉学家李谢维奇曾经说过,"老子是国际性的"。德国、英国、美国、法国和日本等发达国家,都兴起了一股"老子热"。《老子》一书在这些国家中一版再版,人们争相抢购,包括一些政治家,也对老子表现出了浓厚的兴趣。

美国前总统里根曾在《国情咨文》中引用老子的话:"治大国若烹小鲜。"法国一位女政治家还曾把老子的思想作为其参与竞选的指导原则。著名哲学家尼采曾评论《老子》一书说:"像一个永不枯竭的井泉,满载宝藏,放下汲桶,唾手可得。"丹麦科学家玻耳认为,在古代东方智慧与现代西方科学之间有着深刻的协调性。

……

由此可见,老子这位世界文化巨人的思想是多么博大精深。

神塔仙池济众生

到千山五龙宫游览观光,有一处圣地不可不去观瞻一番,那就是"灵通方丈塔"及"八卦放生池"。

走进千山五龙宫汉白玉石牌楼,再前行约百米,左转沿水泥通道上行,即有一塔高高矗立在面前。

方丈塔位于五龙宫东南方,塔身为七层,高十二米,顶端高耸一个葫芦宝顶,塔身全部用黄褐色花岗岩石加水泥构浆筑成。方丈塔下就是八卦放生池。从稍近处观察,七层方丈塔就坐落在八卦池中,端然耸立。池型呈八卦形,按乾、坎、艮、震、巽、离、坤、兑八个方向,有四座小桥直

◎ 方丈塔与八卦放生池远眺

人杰地灵：玄门神韵五龙宫

◎ 汉白玉神马

通方丈塔前，善男信女和游客们可以走到近处仔细观瞻，细细品味，顶礼膜拜。

八卦放生池的入口右侧，一尊神龙正欲遨游天宇，左侧一尊骏马正奔驰在千山万水中。右侧一石碑为八卦放生池修建碑记，上面篆刻碑文：

尽闻天地博大，方能化育万物生长。八卦玄妙，乃至演绎宇宙无穷。神仙灵应，素有好生之懿德，道家宽宏更具慈悲之本性。千朵莲华系东北明珠，五龙宫乃中国圣境。王全林道长住持五龙宫，处处发扬爱国爱教之传统美德，时时奉行爱山爱庙之优良道风。常思山无水不足滋润清秀，龙有池方能显威灵，遂发宏愿建八卦养生池，即使屡遇艰难而矢志不更，殚精竭虑，夙与夜寐，筹措谋划，苦心经营，历时三年，耗资十万，八卦池一举建成。五龙得捧明珠，似欲腾飞于九霄，五云具生光彩，瑞气氤氲于长空，朝晖夕阳映照万千气象。泛光留影装点四时风景。栽种新荷，可赏六夏芙蓉。培植老莲，能食九秋藕莲。养育灵龟，可观老龟兴波。放生嘉鱼，能览锦鳞游泳。游人徜徉池畔，个个流连忘返。俊鸟栖息树巅，只只自怜其影。八卦池、八卦炉，神火仙水相辅相济。一宝鉴，一银盘，素月寒星共圆共鸣。秀美一方山水，利济大千众生，百姓众口称赞，四时泽惠无穷。八卦池之作用，实乃功德无量。王道长之善举，可谓大功告成，是以为记，镌刻碑铭，以显其恒，以传其功。

左手龙马精神碑记为王全林方丈所撰写：

◎ 方丈塔碑文

中华民族龙的传人，炎黄子孙龙马精神。马到成功，马不停蹄，马首是瞻，马步平川，马行千里，万马奔腾。亿万人民心连心，建功立业展雄风，开拓进取创伟业，马年踏入新台阶。

塔身正面为王全林方丈所撰写的碑铭："爱国、爱教、爱人民。"四周雕刻了《道德经》一章、八章、二十一章、四十一章、八十一章的内容，字字珠玑，非常醒目。以上《道德经》部分为王全林方丈非常喜爱的部分，将此铭记在塔碑中，是为了教育后人。

王全林方丈已经仙逝多年，他的音容笑貌还久久地在人们眼前浮现。王全林方丈的弟子遍天下，每天都有许多虔诚的信徒来到塔前久久不愿离去,上一炷香,万千心绪都凝聚在此,有人痛哭不止,有人在方丈的灵塔前一站就是一天。天上有祥云飘过,风儿微拂,耳畔传来的是美妙的玄音。方丈的音容依然还在,山川回荡着玄妙的经声,顿然穿透阴阳两隔的世界,方丈真的曾经踏空来过?

方丈飞升已有六七个年头了,很多信众都说他还在千山。有人见过方丈在千山里面挖草药,好像要给患者看病,样子十分真切,但是一转眼方丈又不见了,如驾云踏雾,瞬间就远去了。

有一个弟子肚子痛了很久,浑身无力,到医院也看不出来是怎么回事,生不如死。忽然有一天,他就动了一个念头,一定要到五龙宫八卦放生池看看师父的灵塔。家人用担架将他抬到了王全林大师的灵塔前,刚把他放下,一个连翻身都需要人扶的人,忽然就可以站起来了。然后他在师父的灵塔前长跪不起,痛哭流涕,一边哭一边喊:"哎哎……"好像有人在用鞭子痛打他的屁股,他嘴里不停地说:"师父,我改啊,我改啊!我错了,我错

◎ 福、禄、寿石刻

了!"半天的功夫,患者大汗淋漓,鼻涕眼泪淌了一脸,哭喊连天,但是喊声是越来越有劲儿,旁边的人都说:"奇怪,这喊声都赶上打雷了,这哪里像是一个有病的人啊!"

回头,他就给父亲跪下,猛劲儿磕头:"爸爸,儿子不孝,你就打我吧,你骂我吧。"父亲当时就明白是怎么回事,马上也跪在王全林方丈灵塔前拜求:"方丈,我原谅他了,您就放过他吧。以后,他会改正的。"

原来,这个弟子的父亲有腿疾,需要钱到医院里住院治疗,各个兄弟都拿钱了,唯独他没有拿钱,而且还没好气地说:"死不了啊!"

下山的时候,他扶着父亲走,边走边说,师父知道我不孝顺的事情,就惩罚我,让我明白不孝顺的儿子是该天杀的。原来师父在天有灵,看到了徒弟恶行不能不管,痛打了他一顿,让他彻底觉悟过来。回家以后,家人给他换衣服,看到其臀部青一块紫一块的,就像被皮鞭抽打的一样。

德行高的徒弟从来不说方丈已经走了,总是笑呵呵、神秘地说:"方丈还在,刚才还来过,只不过你没有缘分看到他啊。"

许多身体有病的信众,不管路途多遥远,经常到方丈的灵塔前拜一拜,都说这是最好的心灵交流,抬眼你什么也看不见,闭上眼睛方丈就在你的心里、你的身边。你哪里不舒服,到八卦池走一趟,就算病没有全消,也好了七八分,至少心里敞亮了很多。这八卦池怎么就成了人们心灵疾患救助的天堂了呢?

天南海北的周易爱好者都到八卦池里找灵感,谁也没有说找到没有,也没有人说这八卦池是否灵验,但是总是有很多人来到八卦池就不愿意走,他们一圈一圈地转来转去,似乎是在寻找什么,又好像什么也没有找到,他们到底来干什么?学周易的人多为民间的信众,自学成才者多,理论家多,实践家少。他们到八卦池先是拜王全林方丈,心中顿然升起无限的感慨,或泪流满面,或欢喜异常,让外人无法看懂……但从此后,一些没有开法眼的人,经过一番修正,顿然就开了法眼;一些心头比较纠结的理论"大师",回头忽然就可以参透许多玄之又玄的事情。

到王全林方丈的灵塔前来祭拜一次,内力就精进了许多。八卦池也是净化人心灵的最佳场所。谁也没有看到王全林方丈在哪里,但是你开窍了,你不纠结了,你悔悟了,你宽容了,你真诚了,你智慧了,你大气了,你快乐了……

心灵纯净是人生最大的课堂,心灵不静你什么也不会,不会创造出任何的人生奇迹。生活在形形色色的人海中,什么人都有,什么人你都会遇到,有些遭遇打击是致命的,还有些烦恼是你自己找的,但是你并不知道解开烦恼的钥匙在何方。

王全林方丈在八卦池上给人讲法,不是有缘人绝对无法参透。当年造八卦池的玄机也许现在可以揭开谜底,那里也许根本你就看不到什么。但是,有人看到了万千的荷花和荷花上飞舞的彩蝶,以及水中的神龟上下泛游;有人看到了万千条金色的鲤鱼自在快乐地奔忙穿梭,又如同在碧波万顷的洞庭湖,忽然有船家穿行其中。这不就是仙境吗?谁在瞪大了眼睛不

◎ 墨玉钟声五龙炉

停地寻找？谁又在闭目淡定一句话也不说？谁来了就久坐不离开？你知道他们此刻的意境是什么？你怎么知道他们看到了什么或遇到了什么？天下之大无处不是道场，天下之小此处就是启蒙地。

　　王全林方丈曾经走过，又何曾走过？夜深人静的时候，八卦池灯火通明，是谁点亮了那里的灯火？那也许是王全林方丈正在与八仙把酒斗棋，星光闪过，山林寂静，远处传来了美妙的歌声……

　　千山五龙宫极负盛名的墨玉五龙香炉，现如今就安放在方丈塔前。这尊墨玉五龙香炉，是当年王全林方丈亲自募化定制的。大香炉是由一块墨玉整料精雕细刻而成。墨玉香炉高近一米五，直径足有一米二，炉身周匝镌有五龙浮雕，走近细细观赏，就如同五条黑龙缠绕在墨玉香炉之上，如舞如吟，玄妙灵动，栩栩如生。尤为奇异的是，这尊墨玉大香炉不但可以耐受五百度以下的高温，就是零下四十五度的严寒酷冷也不会冻裂。更为可贵的是，如果哪位善信游客用手敲击，墨玉香炉就会发出悦耳的金属之声，如铜如金，回声铮然，绵绵不绝，可持续十几秒之久，让人有如聆听仙乐之感。墨玉大香炉不仅石料为国宝级料石，这尊大香炉也堪称千山诸庙观之一绝。

九天玄女佑众生

九天玄女庙，又名无极九天玄女宫，坐落于五龙宫西南方向的一座山腰上。出五龙宫正门行近一百米有一月亮门，由这个月亮门进去，沿石板路溯源登山而上，寻幽探微。山随路转，林荫浓密，人移景异。步行大约四十多分钟，登上一峰的平台，赫然显现出一座无极九天玄女宫。因为上山来一路曲径，龙行蛇走，"无极九天玄女宫"隐映于山峰高处的密林浓荫之中，不到近前很难观赏到她的庙貌尊容，所以乍然一见，顿觉眼前如现天外仙境一般，览奇瞻圣之心情，顿时使人抛掉了一路的疲惫和懈怠。

无极九天玄女宫是一座高约四米的亭子形建筑。亭呈六角形，寓含天地四方六合之意。红漆亭门两侧镌有一副对联，上联为"无疆云外万圣遥临洗凡尘秽垢晃朗太元"，下联为"极目寰中千秋盛世皆乐业安居勤奉玄君"。

亭内装饰简朴，白墙粉壁透出一派淡然，全无人间烟火之气。亭内正中宝座上供奉着

◎ 九天玄女庙碑志

九天玄女的金身塑像,高三米有余,宝相庄严,神态安蔼,慈祥中流动出圣灵,静默里蕴含着威严。左右各有四尊神像,皆为护法金刚,金身塑像都不足一米,比较之下,更显出九天玄女娘娘的高大尊严。细一想来,九天玄女娘娘身为战神之祖,自身法力无边,当然不需要劳烦许多高大魁梧的怒目金刚保驾护航。

九天玄女,俗称九天玄女娘娘。古神话传说,她是一位法力无边的女神,因为除暴安民有功,玉皇大帝敕封她为"九天玄女"、"九天圣母"。虽然她在民俗信仰中的地位并不显赫,却是一个正义之神,形象经常出现在古典小说之中,成为扶助英雄、铲恶除暴的应命女仙。因此,她在道教神仙中的地位非常尊贵。

据《史记·殷本纪》记载:九天玄女的原始形象是玄鸟,还是商王朝的始祖。《诗经·商颂·玄鸟》说:"天命玄鸟,降而生商,宅殷土芒芒,古帝命武汤,正域彼四方。"这是殷商后代祭祀祖先的诗歌。意思是说,天帝命令玄鸟生下商的始祖"契",建立了强大的商王朝。由此说明,玄鸟就是九天玄女娘娘的前世之身,她就是商的始祖。

《墉城集仙录》记载:黄帝与蚩尤战于涿鹿,蚩尤行法术,作大雾三日,内外皆迷,黄帝不能胜,因设斋于太行山之下,西王母遣使以符授之,并告以精思祷天,必有太上之感应。后数日,玄女乘丹凤,御景龙,着九色彩翠之衣,降临黄帝斋所,授以六甲六壬兵信之符、策使鬼神之书、制妖通灵之印、九光玉节、十绝灵幡、命魔之剑等法宝神器。于是黄帝率诸侯再战蚩尤,遂灭蚩尤于绝辔之野,并用其神术诛榆冈于阪泉之野,平定了天下四方。后来黄帝于荆山下铸鼎,得黄龙迎入天宫。《道经》中称,黄帝的兵法战术、符图秘诀及登仙之术,都是九天玄女所授。唐朝文学家王勃在《乾元殿颂》中所写的"帝座闻鼟,玄女荐龙庭之策……"说的就是这个典故。

在一些民间传说和历史章回小说中,九天玄女的形象经常出现。传说大唐王朝的统兵元帅薛仁贵出兵东征高丽,正是因为得到了九天玄女娘娘所授赐的白虎鞭、水火袍、震天弓、穿云箭和无字天书等五件宝物,才使

◎ 九天玄女庙玄女殿

他在东征中连战连捷，一路攻克，势如破竹，最终奏凯而还。还有明朝时的开国元勋刘伯温，他道成出世前在处州罗山洞中，也曾得到九天玄女娘娘授予的天书四卷。后来，他凭天书辅佐朱元璋，打下大明王朝四百年天下，凌云阁上功标第一。

无极九天玄女宫的亭殿右侧竖一石碑，上面就有这样一段记载：

……九天玄女，奉天命生下契，封于商。传十三代太乙成汤，建立强大的商朝。她也是黄帝之师，受西王母之命下凡，授帝以兵符印剑，破蚩尤，大定四方。唐名将薛仁贵征高丽，受玄女赠震天弓、穿云箭、水火炮、白虎鞭和无字天书，终获全胜……

小说中最早出现九天玄女形象的，当推成书于元代的《宣和遗事》，其

中有这样一段情节：宋江怒杀阎婆惜之后，为躲避官兵的追捕，藏进了屋后的九天玄女庙中避难，梦中得九天玄女授予天书。后来，这个情节被明代小说家施耐庵在《水浒传》中承袭并有了许多增演，更使九天玄女的战神形象多彩多姿，异彩纷呈。此后的《平妖传》、《八仙出外东游记》、《女仙外史》等明清小说中亦有九天玄女的形象出现，鉴于她所造的"天书"兵法屡屡出奇制胜，堪称中国上古时期的第一位杰出女军事家。

在中国传统文化中，九天玄女娘娘不仅是一位法力无边的战神之祖，还是一位兼具多项职能、化身万变且有着相当影响力的女神。最有代表性的一则传说，记载的就是她帮助刘邦建都的故事。

据说当年汉高祖打败项羽，建立西汉王朝之后，建都城时却遇到了麻烦，原因是古都咸阳和秦朝的阿房宫被项羽一把火烧毁，刘邦不得不另选基址建造都城。他派方士张天罡具体筹办，张天罡首先选中了白鹿原。白鹿原右临泾水，左接渭河，沃野千里，路通八极，是个建都的风水宝地。不想就在破土动工之日，白鹿原突然天崩地裂一声巨响，震得地动山摇，白鹿原顿时变成一片汪洋。就在这危急时刻，张天罡急忙大呼："九天玄女快来拯救！"他的喊声刚一出口，就见一片五彩祥云从西天飞临白鹿原上空，端坐祥云之上的九天玄女向白鹿原撒下了一把净土，白鹿原马上就恢复了原状。

后来，九天玄女还告诉张天罡说，白鹿原下有一巨鲸，这里不适合建都，应该另选都址。张天罡按照九天玄女的叮嘱，最后将都城选定在长安。破土奠基中，照图纸规划应当按方位、距离打四十九个钻孔。可是就在工匠们最后打中央的钻孔时，那里突然塌陷了下去，变成一个深不可测的大洞穴！张天罡又急忙请九天玄女前来救助。九天玄女闻请驾云而来，告诉张天罡说，这是因为洞里有一条巨龙在作祟。只见她将手中的净瓶祭起在空中，倒扣的净瓶口瞬间现出一道白光，罩住了洞穴，立时止住了洞穴的塌陷。随后，她又让张天罡派勇士进洞把巨龙捆绑起来，并用铁板浇铸了一座钟楼，再把净瓶倒扣在钟楼之上，从此永久镇住了巨龙，建都工程才得以顺利进行……

自从五龙宫建了九天玄女庙后,玄女经常在山中显灵,佑护到此来参拜的善男信女。

有一天,一个青年来到了庙上,愁眉不展,内心充满了惆怅。值殿道长看出来一些问题,主动上前去和青年聊天,希望能帮助他解开心结。青年见道长主动和他搭话,就如同见到了亲人一般,眼泪就下来了。他说:"自己太困惑了,虽说现在开出租车赚的钱不多,但还可以养家,但是,赶上这样一个好时代,总觉得应该做点什么,就是想不明白应该去做什么,这个事情困惑自己太久了,要崩溃了。把手里的活放下还有点心不甘,

◎ 玄女庙碑文

因为出租车行还算不错,如果不干了,走错了路无法回头。"值殿道长端详了青年人一会儿,思量良久,告诉他:"你到玄女庙去拜一拜吧,你和这个神仙的缘分很重,他会给你指出一条明路的。"小伙子半信半疑,就按照道长的指点爬山来到了九天玄女庙。

小伙子到了九天玄女庙以后,就非常虔诚地跪在玄女神仙的跟前,起誓发愿说:"娘娘,我想要干点大事情,求您给我指条明路,我事业成功的时候,一定做好事回报社会。"

小伙子在玄女娘娘的庙前跪了许久,把自己的苦闷及愿望倾诉了出来。

日暮时分下山后,心里轻松了许多,豁亮了许多,感觉这一天的班耽误得特别值。

这天晚上,小伙子做了一个梦,梦见九天玄女娘娘告诉他:"明天有一个贵人要乘坐你的出租车,是一个女的,你要善待人家。"清晨醒来,小伙子很兴奋,也许是灵验,也许是日有所思夜有所梦吧。不过,他总的感觉是从山上回来后,心里充满了喜悦。

既然九天玄女娘娘显像,那应该是非常好的事情。他突发奇想:既然贵人是一个女同志,那么今天所有坐车的女同志的车费我都不要了。他说到就做到,那一天所有乘坐他车的女同志的车费他都不要了。许多女同志问他为什么?他诚恳地说:"今天我母亲过生日,为了感谢天下所有的母亲,我决定不收费了。"这个回答很牵强,但是也能说得过去。大家都接受了这个孝子的一份真挚的美意。其实,那一天真的是他母亲的生日,也算是给母亲带去一份美好的祝愿吧。

一直到了天很晚的时候,都要收车了,他拉过十几个女同志,年龄大、小的都有,有长得富态的,也有平常的,都不像他心目中贵人的感觉。他想,也许就是一个梦,是自己想得太多的缘故吧。他也没有抱怨,心想,人生最大的资本就是快乐,自己还年轻,只要不松劲儿就一定会有成功的那一天。因为这一个善愿,这一天他少收入了一百多元钱。

快到了交车的时间,他正往回赶,这个时候,有一个五十多岁的妇女打车,他就停下了,把妇女顺利地送到了地方,还是没有要钱。对方问明了缘由后,开心地笑了,说:"小伙子,你的孝心很伟大,让我们这些当母亲的感觉无限温暖啊。这样吧,你留个电话给我,明天我可以包你的车吗?"小伙子爽快地回答:"当然可以!"

第二天,小伙子如约和这位女士见了面,拉着她到处走,无论走多远,等多长时间,小伙子都没有一句怨言。同时,他鞍前马后地照顾这位女士,就像儿子一样尽心尽力,女士内心里非常感激和欢喜。原来这位女士是一个国外回来的华侨,就是想到家乡各地走走,看一看,感受一下家乡的风土人情。由于小伙子阳光,见人就笑,热情大方,不计较得失,打动了她。

于是这个华侨就成了小伙子的贵人,她在家乡投资搞建设,让小伙子去当监管人。由于他认真负责,又肯钻研,干什么像什么,一步步得到了重用。因此,他最终创造出了自己的宏大事业,并且实现了自己的诺言。他又回报社会,支持慈善事业,帮助有困难的人。同时,他经常回五龙宫上香礼神,为建设五龙宫施舍功德。

五龙宫的监院常说,神仙点化是一个方面,关键在于人能够保持积极向上的心态,有了这样的博大心胸,做什么都会成功。神仙最喜欢境界高的人,道观存在的目的就是劝人向善,帮助那些困惑的人打开心扉,让他们明白自己的方向。当一个人能够找到自己要走的路时,他一定会是一个快乐无边的人。

一年夏天,营口一边姓人家从五龙宫一侧去登仙人台,夫妇两个带着一个七八岁的孩子,路过九天玄女庙的时候,就去上了香并拜了一拜。他们家里也供奉着神仙,家里有信仰的传统。

走过九天玄女庙,就到了上仙人台最难走的一段路程,梯形石阶立陡,十分险峻。旁边没有扶手,年轻人攀登都要格外小心。边家的男孩很活泼,爬山也活蹦乱跳的,一不小心就失足滚下山了,一连滚了二十几个石阶。家长和游人急得直喊,但是没有办法救孩子。

突然,孩子凭空就停止了翻滚,然后轻轻地落在地上。这时,离拐弯处

◎ 九天玄女（戴敦邦画）

还有三十多级石阶,如果继续翻滚下去,后果将不堪想象。等家长追上来的时候,扶起孩子一看,只受了一点皮外伤。大家都连声称奇:这孩子好造化啊!

一问孩子,害怕吗?孩子说,有一点怕,刚才看到一个神仙用手将他托了起来。

当家长带着孩子走下山回到玄女庙前时,孩子指着玄女神像说:"妈妈,就是她救了我!"一家人这份感动啊,一起跪拜了起来,感谢玄女的恩德,发愿要报答玄女神仙。从此以后,这个边姓人家年年都到这里来拜玄女娘娘,也因此和玄女娘娘结下了不解之缘。

己卯年的秋天,那是深秋时节一个漆黑的夜晚,凌晨时分,山下的五龙宫里一个道人忽然被一阵强光惊醒。推开门一看,半山腰处,也就是九天玄女庙处,亮如白昼,奇光闪现,十分耀眼。

这时,山下所有的道众纷纷起床来观看。有人还大声呼喊,当时有道人守在玄女庙,也被这神奇的景象和山下的呼喊声惊醒了。

那个光亮许久才散去,大家别的什么也没有看到,只是看到冲天的白光照亮了整个五龙山,场面壮观宏大。

道教界的人士说,这个亮光来自于九天玄女庙,是玄女娘娘在此开法会,天界的神仙都来此聚会。冥冥中,有的道人听见了优雅的仙乐声,传得

◎ 石阶陡路

很远很远。这样的神迹几百年也难得见一回。

附近的村民看到以后，也到处传说，竟然招来了UFO爱好者，他们考察了一番后说，这里也许就是外星人的一个基地，也许来过外星人。

众说纷纭，莫衷一是。但是，有一点是明确的，那就是这里绝对不同凡响，是风水宝地，神仙看中了，外星人也看中了。为了多借些神力，许多人没有事的时候就去登山，特意到玄女娘娘庙前拜拜，借点灵光。

正是因为有这许多描述和记载，九天玄女娘娘的战神形象才大放异彩，事迹也更加生动丰富，并具有了很强的传奇色彩，社会影响力更是日益扩大。这种鲜明、生动而又神通广大的战神玄女的艺术形象，也得到了人们的认可和接受，并由此而派生出了一些"民间神"职能，经常出现在通俗小说和受道教影响的民间祭祀中。祭祀九天玄女娘娘的庙宇遍及全国各地，成为历代香火不断、万民参拜祈求平安纳福的地方。

对玄女的祭祀，早在魏晋时期就有了，那时道士炼丹都必须事先祭奠九天玄女。元代时，民间已经有了祭祀九天玄女的固定场所。到了明清时期，专司祭祀九天玄女的庙宇已经非常普遍。中华人民共和国成立之后，1983年国务院确定了二十一座全国重点宫观，其中就有创建于清康熙五十三年的陕西华山东道院，其原名就叫"九天玄女宫"，宫内供奉的首位神就是九天玄女。

通过以上记载我们可以看到，祭祀九天玄女的活动，不仅是对远古文明的一种传承，也是我们纪念先祖、开发旅游事业、提倡休闲文化的一种创新。同时，九天玄女作为我们东方民族的伟大母亲形象，作为东方美神和战神的万圣至尊，也应该受到我们历代万民的祭祀、敬仰和热爱。

玉皇天尊赦罪过

　　五龙宫殿宇最高的建筑当属玉皇阁。玉皇阁为单檐硬山顶，面阔三间，进深三米。前檐为廊柱式，檐下置斗拱，斗拱为五辅，作双抄计心造，硕健而古朴。殿内筑神台，间隔为三楹，正中间一楹供奉昊天至尊玉皇大帝，右侧一楹供奉万仙至尊玉池王母碧霞元君，左侧一楹供奉万灵至尊承天效法后土皇地祇。

　　玉皇大帝在道教中的地位仅次于三清（元始天尊、灵宝天尊、道德天

◎ 玉皇阁迎客松

尊），居于四御之首（其他三位是中天紫微北极大帝、勾阵上宫南极大帝、承天效法后土皇地祇）。不过在老百姓的心目中，他却是天下第一神，掌管三界（天上、地下、空间），十方（四方、四维、上下），四生（胎生、卵生、湿生、化生），六道（天、人、魔、地狱、畜生、饿鬼）的一切阴阳祸福。特别是他统帅的天兵神将、文武百官的形象早已深入民心，成为人们心中的保护神。如经常在神话小说中出现的托塔李天王、哪吒太子、巨灵神、四值功曹、四大天王、二十八星宿、千里眼、顺风耳、雷公电母、文曲星、龙王、山神、土地、十殿阎罗等。

玉皇大帝的出身，更是有神奇色彩。据道教《高上玉帝本行集经》记载，古代有一个叫严妙乐国的地方，由年老的净德国王统治，人民安居乐业。美中不足的是国王一直没有子嗣。一天晚上，王后月光梦见太上老君手中抱着一个满身红光的婴儿来到自己面前，说是特地赐给他们的。梦醒后，王后果然身怀六甲，并在丙午年正月初九午时生下了一个聪明伶俐的王子。王子继承王位后，有一天突然决定弃位到普明香岩山中修道，并行医救人。在经历亿万次劫难后，终于修成正果。这个王子就是人们熟悉的玉皇大帝。为了纪念他的出生，道教把正月初九定为"玉皇诞"，道教宫观都要在这天举行盛大的道场，诵经祝寿。此外，又传说每年腊月（农历十二月）二十五是玉皇大帝的出巡日，到那时他会化身为凡人，到下界巡视众生，考察人间善恶。所以各地道观又会届时举行迎接玉皇御驾的仪式，庄严隆重。

五龙宫的玉皇阁最早供奉的玉皇像是庙尔台张木匠用木材雕刻的，云带飘逸，仪态端庄，面目慈祥。香客走进庙门时，玉皇神像会向前迈两步，香客敬香、献供时神像即退回原位；当香客离开殿堂时神像又会再向前迈两步。这会走动的玉皇神像，许多老人都曾经见过和听说过，现在见过会走动神像的人都已相继离世了。据说向前迈两步是表示对香客的欢迎，香客离开时向前迈两步是相送。这会走动的神像引起社会各界人士的注意，慕名前来进香的、求玉皇大帝保佑的人络绎不绝。会走动的玉皇神像后来被毁坏，无法进行考证。要说是雕刻者张木匠技术高超的话，他雕刻的神像不止玉皇一尊，其他的神像为何不会走动？有人猜想是利用滑轮的原理，

◎ 玉皇阁一角

触动机关就会带动机械运转从而推动玉皇像前进后退；也有人分析可能像当年诸葛亮造的木牛流马自动机械，但是木牛流马要靠人操纵才能走动；还有人说是殿堂门口的方砖安了机关，踩在地板上机关就动。更多的人说那是广大善男信女的精诚所至感动了玉皇。1999年，玉皇阁在离原址三米外的地方重新修建，原来的玉皇阁旧址变成了一个缓台供游人行走，新玉皇像是铜制的，不管香客怎么走动神像也不能前进后退。虽然无法考证，但这确实是五龙宫的一个传奇。

　　自从五龙宫发现会走动的玉皇神像以来，人们相传玉皇显灵，引来山东、河北、吉林等地的香客至此朝拜。人们都知道，玉皇既是观察人间的善恶、又是有求必应的大神仙，香客当中有的是来许愿，有的是来还愿，有的是祈求平安。相传清朝末年，吉林省口前县万昌镇的王东发来向玉皇祈求赦免他儿子的死罪。原来王东发的水田在史大赖家水田的下面，由于天旱缺水，大赖不让他家用水，为了争水，王东发的儿子王三被史大赖打了四次，第五次王三还手时失手将史大赖打死了。王三被判死罪，押进了大牢，只待秋后问斩。只见王东发边磕头边说："我儿判死罪有点冤，为了争水灌田我儿被史大赖打过四次，第五次挨打被迫还手，谁想就把史大赖打死了，实属无意。如果玉皇能赦我儿死罪，我让三儿当史家的儿子，为史家二老养老送终。"

王东发在玉皇阁许愿两个月后的一天，一家人正在吃午饭，王三忽然回来了，全家人十分惊奇，王东发问："三儿，你是被放出来的，还是逃出来的。""爹，是您向玉皇许愿之后，玉皇晚上托梦给县官说，'牢中有一个青年因为放水灌田，被人毒打数次，最后还手却失手打死了人，这不够死罪。况他父亲愿意把他送给史家，有悔过之心，对屡教不改的不减刑，对无意犯罪和知错就改、愿意赔偿受害者损失的，给一次改过的机会吧。'于是县官重新审理了我的案子，我是被放回来的。"王东发说："三儿，我在玉皇面前许愿你必须改姓到史家，你同意吗？""爹，我同意。"于是父子二人来到史家，说明玉皇大赦的经过并答应让王三当史家的儿子。史家人失去三代单传的儿子心情十分沉痛，听说玉皇托梦把王三赐给他当儿子，要为史家传宗接代养老送终，当然高高兴兴的接纳了这个儿子。

五龙宫每年农历腊月二十四半夜十一点（即二十五的子时）举行接玉皇驾仪式，十分庄严隆重。正月初九"玉皇大帝"圣诞日这天还会隆重举办祝寿、祈福、迎祥道场，善信云集近万人。

◎ 玉皇大帝（戴敦邦画）

清宫玄音韵律妙

道乐是指在道教的斋醮和其他活动时配合使用的音乐。早期道教科仪中的道教音乐资料现存较少,北魏明元帝神瑞二年(415年),寇谦之所得的云中音诵,即"华夏颂"、"步虚声",是道教音乐较早的书面记载。唐代道教因受帝王的推崇,道教音乐也受到重视,高宗曾令乐工制作道调。玄宗不但诏道士、大臣广制道曲,还在宫廷内道场上亲自教道士"步虚声韵"。唐代道教音乐在吸收当时的民间音乐、西域音乐以及佛教音乐的基础上,逐步发展和提高。到北宋时,则产生了道教音乐的曲谱集《玉音法事》,其中共记录从唐代传至宋代的道教音乐曲谱50首,这是目前能见到的最早的一本道教音乐的声乐曲谱集(现存的是明代道藏的版本,宋代版本已佚)。但该谱采用的曲线记谱法,至今尚未能确译其音调。南宋时,道教音乐在民间广泛流传。明代的道教音乐,由于洪武七年(1374年)道门科仪去繁就简,更加规范和统一,而且又有了新的发展,进入了定型时期。此时出现的道教音乐谱集《大明御制玄教乐章》,采用传统的工尺记谱法记谱,共记录道曲14首。另据《大明玄教立成斋醮仪》、《大明御制玄教乐章》及《圣母孔雀明王经》等有关道教音乐的记载,明代道教音乐既承袭唐、宋、元三代之旧乐,又有吸收南北曲音乐的新制道曲,甚至连民间音乐如"清江引"、"一定金"、"采茶歌"等曲调皆为道教音乐所吸收。清初叶梦珠辑《阅世编》卷九中谓道教法事"引商刻羽,合乐笙歌,竟同优戏"。以上说明,古时道教音乐已有了一定的艺术水平。近代道教音乐基本上承袭了明代以来的音乐传统,是中国传统文化的遗产之一。在二十世纪五十年代之前,江南及南方诸省中,看道场欣赏道教音乐,是民众文化生活中的盛事。

◎ 五龙宫道乐团

　　道教斋醮音乐有独唱（通常由高功、都讲担任）、齐唱、散板式吟唱和鼓乐、吹打乐以及合奏等多种形式。单纯的器乐形式常用于法事的开头、结尾、唱曲的过门以及队列变换、禹步（类似舞蹈的步法）等场面时，声乐形式则是斋醮音乐的主要部分，其声乐体裁主要有"颂"、"赞"、"步虚"、"偈"等格式。道教斋醮名目繁多，有水灾、旱灾、虫灾、雷击、瘟疫、伤病、生死、延寿等各种法事。它根据法事情节需要，组合串联各种颂、赞、步虚、偈等道曲。法事不同，音乐的组合也随之变化。道教音乐的诵唱和乐器伴奏，均由道士担任，信众不参加音乐活动。因此从音乐角度来看，斋醮实际上是按照"脚本"（科仪要求）在信众面前进行一场宗教仪式的"演出"。经过一千多年的斋醮实践以及长期地吸收民间音乐的养料，道教音乐十分丰富。有赞美"三清"神仙的颂歌，有表现神仙应召而来的飘拂飞翔之声，有表现镇煞邪、趋恶魔的庄严威武的曲调，有表现众神仙抵达仙界或功成庆祝的喜庆欢乐之乐，也有表现天上仙界的缥缈恬静的曲调等。

　　千山道教音乐则是康熙年间从铁刹山传入无量观的。传说，在百余年

前，有阚氏两兄弟，原为戏曲演员，因为郁郁不得志，来到了千山无量观蓄发为道，两人用毕生的精力创制了"东北新韵"。东北新韵最明显的特色便是将乐章紧密地衔接起来，给人以浑然一体、不可分割之感。相传两兄弟隔着巨石背对而坐唱起东北新韵竟然分毫不差，最终两人因积劳成疾双双累死。在东北新韵问世之前，东北地区道教中主要流传的"崂山韵"，据说是由山东传入的，新韵产生之后，很快在东北地区道教中传开，现在东北道教全真教派宫观采用的大都是新韵。

　　五龙宫道教经乐团成立于千禧之年。创立伊始，五龙宫道教音乐便与东北民间音乐、宫廷音乐相融，形成了自身的独特风格。再配以箫、笛、单（双）管、笙、唢呐、二胡等管、弦乐器和钟鼓、大磬、铛子、撞钟等打击乐器、法器相结合进行演奏，使得曲风雄浑朴野，赋予其道教神化色彩。道乐在不同的法事中运用，都有其细节性的特点，如鼓段的击奏、笛曲的灵活、吹奏的变化多端等，都是道教传统艺术的朵朵奇葩。道乐不仅是道教仪典性质的音乐，也是宝贵的民族遗产，目前主要的演出曲目有东北新韵、六小韵、十三大韵和走马韵等四十多首经典道教乐曲，主要有《白鹤飞》、《长生酒》、《群仙聚会》、《天尊韵》、《秋雨梧桐》等颂唱曲和乐曲两个部分。

　　2001年千山五龙宫道教乐团参加了山西道教罗天大醮法会。经国家宗教局批准，由中国道教协会、山西省道教协会（筹）、山西介休市道教协会共同启建的"罗天大醮"法会，于2001年5月21日至30日在绵山大罗宫举行，来自全国各名山道观以及新加坡、韩国和中国香港、澳门、台湾等国家和地区的经团及代表约三百多人参加了法会活动。中国道教协会会长闵智亭，副会长刘怀元、王光德、黄信阳、黄至安、唐诚青，秘书长袁炳栋等领导出席了开幕式并参加了部分活动。这次盛会中，五龙宫道教乐团在老方丈王全林带领下，取得了非凡的成绩，获得了很多的赞誉，为东北道教音乐的传播作出了积极的贡献。这是东北道教音乐自中华人民共和国成立以来第一次走出千山，走出东北表演，首次演出就取得了骄人的成绩。

　　2004年中央电视台《走遍中国》栏目组慕名来到了五龙宫，专场录制了五龙宫道教乐团的经典曲目,并在中央电视台上反复播放,产生了巨大的影响。大连市政府在庆祝中华人民共和国成立60周年演出的时候特意邀请五龙宫道教乐团到场演出,为百姓带

◎ 五龙宫道士在习武

来祥和玄妙的道教艺术表演。凡是有大型宗教活动的地方就有五龙宫道教乐团的身影,他们以道教音乐艺术的魅力感染了观众,既传承了宝贵的中国传统文化,又宣传了道教,宣传了千山旅游,美化了道教形象。

2011年3月,鞍山市第二批21项32名市级非物质文化遗产项目代表性传承人通过社会公示,最终确定,千山五龙宫道教乐团名列其中,成为鞍山市文化遗产的传承人,这是对千山道教文化艺术的一大贡献。

秀幽奇古：
神仙显迹故事多

一泓清水月牙中，
石牛宝珠戏五龙。
谁持红丝当空舞，
能教金鲤恋古松。

卧牛常伴月牙井

五龙宫院内,广场南侧,有一长约十余米,高一米有余的巨石,前高后低,半掩于地下,其形状酷似一头饱食后正在反刍的卧牛,故人们给它命名为"卧牛石"。在紧贴卧牛石的"牛腹"中部有一泉水井,其状天然,形成半圆,如初七、初八的上弦之月,人们又命名之为"月牙井"。月牙井深有十余米,是千山中三眼井中水脉最深的一眼。此井之水清冽甘甜,沁人肺腑,仙迹霏霏,并有传奇故事流传至今。

相传,当年唐太宗李世民与薛仁贵大将军东征时,曾在五龙宫驻兵休整,因为口渴在月牙井饮水,发现里面有一条金色鲤鱼。薛仁贵奋起抓鱼,鲤鱼急飞撞树,树裂夹鱼化石,引发出一段"鲤鱼穿松"的故事,一直流传到如今。直到今天,游人前往千山五龙宫旅游观光,都要前去饱览一番这一奇特的自然景观。

◎ 卧牛石与月牙井

说起月牙井和卧牛石,更有一段美丽的传说。早年有熊妖为害千山,东海龙王派四位龙子和一位龙女去收服熊妖。五条龙与熊妖经过一场恶斗,终于铲除了为害人间的妖怪。为保护千山的安宁,五龙化为五条山岭,留在了千山。南海的小青龙和在此化成山岭的东海小龙女原本是一对相知的恋人,在得知龙女化成山岭后,急忙赶到了千山,眼见龙女化成山脉,心中思恋之情油然而生,于是化作一眼泉井,长伴五龙岭,滋润着万物的生长。

有一年,千山脚下周围的村庄发生了瘟疫,死了不少人,田地荒芜。五龙宫的道士心急如焚,烧香拜神,乞求上苍降福人间,驱除瘟神。一天夜里,宫里的道士们似睡非睡时,突然来了一位鹤发童颜的仙人对他们说:"只有普度众生的好心还不够,你们快去卧牛峰取药为民治病啊!"道士们睁开眼,忽然一阵山风吹开观门,一缕月光射进庙堂,随后走进一头青牛,哞哞地叫着:"石牛会治病!"道士们忽地全都坐了起来。夜静更深,空荡无物,道士们心想这一定是仙人指点。

早晨天刚亮,道士走至卧牛峰山下,一股清香扑鼻而来,沁入心肺。只见卧牛峰生长着许多草药,道士们将药采集了,投入月牙井里,井水像开了锅似的,一串串地冒花。一会儿工夫井水色如淡茶,清香特异。喝到嘴里,又凉又爽口,甘甜中还有一股药味。喝了几

◎ 曲径通仙境

口只觉得心旷神怡，目清气爽，浑身充满了力量。有几个感染了疫情的道众急忙每人喝了几大碗井水，顿感浑身舒服，病痛减轻。

月牙井水能治病这个消息，立刻像长了翅膀似的传了出去，人们纷纷赶来五龙宫讨取井水喝，走时又把水袋、瓦罐等各种盛水工具装满带回家去。仅几天的工夫，瘟疫消除了，大伙的身体强壮了。于是不多久，田野里五谷丰收，家院里六畜兴旺，人们安居乐业。月牙井的名声越传越远，前来朝拜五龙宫、取讨圣水的善男信女络绎不绝。道士告诉大家，这都是石牛的功劳。人们为纪念石牛，凡是来到这里的人们，都在井边放一块石头。以后成了规矩，年深日久，来的人越来越多了，石堆也一年比一年高，慢慢地演变成一头卧着的石牛，永远陪伴在月牙井的旁边。卧牛石又称"幸运石"，据说用手摸几下，便可以带来好运气。直到今日，人们到五龙宫时还不忘喝上几口月牙井的水，水依然是那么甘甜爽口，饮后疲劳顿消；摸一摸卧牛石，顿感精神振奋，烦恼全无。

历代的游人曾对月牙井和卧牛石有过诸多的感慨和赞叹。乾隆四十二年（1772年）四月，王尔烈携友蓬莱王润溥、迁安徐淳叟、济南李龙文、同郡杨群实、赵文源、石瑞昌、金灿章，还有他的兄长王穆斋等人游览千山。在游览到千山五龙宫处，王尔烈立时被这里的旖旎风光所陶醉，即兴奋提笔写下《咏千山诗》数首抒发感怀，现敬录一首于此共同欣赏、品鉴。

　　　　高山天作帝王州，长白尊居望莫由。
　　　　一石一泉皆化育，千华千顶孰雕镂？
　　　　水无四渎原依海，山不三公岂屑侯。
　　　　擅胜生辉应有日，嵞峻翘首翠华游。

王尔烈诗中所写的"一石一泉皆化育"之句，指的就是五龙宫前的卧牛石和月牙井。正是因为有了历代文人墨客的题咏吟诵，才使千山五龙宫名扬海内，成为千古胜境。

峰奇峦秀藏龙潭

五龙宫广场西南角有一道石龙门,龙门上方有"二龙戏珠"的立体雕塑,向外一侧的门额上雕刻有"龙门入仙境"五个字,向内一侧雕刻的是"潭水育众生"。诗句不知出自谁手,虽然纯粹写实手法,却也颇具境界。过得龙门,但见一泓池水,水草密布,鱼儿畅游。溯源而上,即是三龙谷南沟。一路走来,但见峰峦叠翠,绿树成荫,幽谷深邃,那股大自然所袒露的神奇壮观之伟力,令人叹为观止。山奇云雾奇,若逢细雨霏霏,高邈天穹,山色空蒙,层层轻渺掩其面目,阵阵烟岚从深涧幽谷中冉冉升腾,

◎ 龙门圣境

重重云雾把山峦峻岭连在一起,云雾如澎湃的海洋,峰岭酷似各自孤立的岛屿,耳闻山风呼啸,仿佛是龙宫群仙奏出的雅乐,悠扬婉转,十分动听。此时的山、雨、云、雾、树所织成的大自然画卷,可谓气象万千,美不胜收,使人心旷神怡,一切尘世烦恼荡然无存。

此时,忽听流水淙淙,一方清潭斜陈眼前。潭即两石壁相倚而形成的一个石槽,长三米有余,开口处宽约两米,中有一泉,夏凉刺骨,冬不结冰,名为老龙潭。

说起这个老龙潭,可颇有些来历。相传五龙化成五岭后,就成了千山的五道山梁,永驻人间。可是龙毕竟是水中之神,离开了水的滋润,就渐渐地受不了了。不多久,五龙岭上的花草树木也逐渐枯黄败落,山中的鸟兽也都逃往别处去了。东海老龙王这些日子也有些心绪不宁,总感到有什么事要发生。这一日突然想起几个龙子在千山化成山岭,现不知怎样了,于是驾起云雾赶往千山。到了千山上空一看,其他山峰草木葱荣,藤萝蓬荜,鸟飞兽走,只有五龙岭草木枯黄,毫无生气。老龙王才知自己这些时日为何闹心,毕竟是父子连心啊。老龙王回到东海调来了水族兵将,要施展法力让五龙岭变成山清水秀、松柏成林、百花盛开、风光旖旎的花果山。

从这一天起,老龙就开始带领大家干起来。他们先用法力从别处移来花草树木,然后在山坡沟壑栽植起松柏、梨树、桃树、丁香和各种花草。因为千山缺少水源,而要想让树木花草生长起来,必须水源充足不可。但是要用神功做法,必须得有千山本地的水源。于是,老龙又勘察遍千山的大大小小山头,到处寻找水源。它找呀找呀,好不容易才在一个山峪里发现一个小小的泉眼。老龙一见欢喜得了不得,一边说:"太好了!太好了!"一边急忙对着泉水做起法来。只见它深深地吸了一口气,那泉眼随着老龙的吸气越变越大,泉水也越涌越猛,转眼之间,那泉水就哗哗地往外流淌了起来。

泉水顺着山沟、谷底、石隙形成溪流瀑布,流遍了五龙岭的山峰沟壑,滋润着漫山遍野的花草树木,长得蓬勃茂盛,一片葱茏。转眼之间,青松翠柏长得高壮起来,梨杏桃李各种果树开始绽花结果,丁香花也开遍了沟沟壑壑、山山岭岭。看着大功告成，老龙王带领水族准备返回东海，可是有一只乌龟却要求留下来看守龙潭。老龙王同意后，带领其他水族驾起云雾而去。小乌龟每日在这里看守龙潭，游山玩水，乐不思蜀，最后化作了一个大山包，即如今人们都叫它"王八盖子"的山峰，成了一处供人们游览的景观。

山高潭水高，秀水涵秀气，都传说老龙潭的水能治病。上河湾的孙兴出生时就发现下腭长了一个小瘤，人长瘤不长，不痛不痒，不影响吃饭，不耽误干活。到了四十八岁时这个瘤子开始疯长，原因是儿子要娶媳妇家里钱不够，上了一股火，这个瘤子还开始变红，一天比一天大，不仅肿胀，而且疼痛难忍，药没少吃钱没少花，瘤子只见长不见小，两个月后这瘤长到足有二斤重，别说无法下地干活，就连走路都得用手托着，更让他遭罪的是疼得整夜整夜地睡不着觉。听人说五龙宫的龙潭水能治病，神仙也灵

◎ 老龙潭

验,他就抱着试一试的想法来到了五龙宫。到药王神像前上了三炷香,许了愿,然后来到老龙潭,看到潭水清清,正巧有点口渴,便开始喝潭水。头一口觉得这水有点甜,再喝一口觉得浑身轻松,也不知喝了多少口,反正觉得肚子鼓起来了。开始往家走便觉得瘤没有那么疼了,当天夜里觉睡得十分香,第二天起床后觉得这瘤有点抽皮。孙兴忽然想起这是喝了老龙潭的水的缘故,吃过早饭,他带上一个水桶再次来到老龙潭,喝足后,又打上一桶老龙潭的水带回家。自从喝上老龙潭的水,孙兴的瘤逐渐变小,也不疼了,大约一个月后瘤彻底消失了,也能下地干活了。

与孙兴同村的马老大出生以来就肠胃不好,拉了一辈子的稀屎,身体干瘦。听说孙兴喝龙潭水治好了瘤,决定自己也喝老龙潭水试一试。结果喝了一个月后,大便成香蕉状,身体开始发胖了。龙潭水能治病的消息一传十,十传百,当地百姓纷纷到老龙潭取水治病,腰腿疼的人喝了不疼了,眼睛花的喝了龙潭水不花了,凡是有病的人喝上老龙潭的水都能见效。

老龙潭终年不断的甘露泉水,洁白晶莹,清凉冷冽,捧之入口,沁人肺腑,心爽神清。香客视为圣水,人手一壶,带回去与家人同享。此水能给人带来健康长寿,祛病消灾,增运加福。放置家中数日,可保家宅气运,平安兴旺,增添仙道灵气。

石鲤穿松传千古

在千山五龙岭玉皇阁下山腰处的山坡上,有一株苍劲挺拔的不老松,像一位寿享高古的老人傲立于群树之间。这株奇松高九米有余,粗近一抱,枝繁叶茂,在茫茫林海与杂树之中,真有点儿鹤立鸡群之状。更为奇异的是,就在这株老松树的根部,有一块状貌极似鲤鱼的长条形褐色山石横穿树身而过。树身一侧只露出鱼头,而另一侧尚有半截鱼身和鱼尾,似在努力摇摆欲穿越纵出。其形其态,非常生动逼真,因此,人们为其命名为"鲤鱼穿松"。这一大自然的神奇景象,已经成为游客到千山五龙宫旅游观光必赏的景观。

关于"鲤鱼穿松",还有一个非常美丽的传说呢。

相传,当年唐太宗李世民御驾亲征高丽,凯旋回朝时,带二十万大军在千山驻跸休整。一天,他和大元帅薛礼君臣二人一边巡视连营,一边游山观景,不知不觉间已经到了中午。途经五龙岭下时,唐太宗走得人累马疲又饥又渴,就命薛礼去找点儿水喝。

薛礼纵马跑上山坡四下一看,发现前边有块大石头,就像

◎ 石鲤穿松

一头老牛卧在那里,"卧牛"的腹部有一月牙状的泉潭正"咕嘟、咕嘟"往出冒水,薛礼忙跑回来奏明唐太宗。

唐太宗一听大喜,说:"好,那我们就在这里歇息一下,待朕品尝品尝这里的山泉水。"说完,唐太宗离鞍下马,将马交给随从的军兵,在薛礼的陪侍下直奔卧牛石而来。当唐太宗来到"卧牛石"跟前,走近井口刚要俯身捧水喝的时候,突然间一个非常奇异的现象出现了!

那泉水好像非常通灵性一般,忽然间有一股水柱从泉潭中央涌起,而且越涌越高,直到上冲至唐太宗不必弯腰就可以轻松饮用的高度才停止上升。唐太宗望着那喷珠溅玉般的景象非常高兴,就用双手捧着泉水美美地喝了一顿,连声称赞说:"好!好水!好水!这泉水清冽甘甜,沁人心脾,饮之如琼浆玉液,果然好泉水!薛爱卿,你也快来喝一点儿!"

薛礼听说,回了声"遵命",也急忙凑到近前,伸出双手想捧水来喝。可是就在这时,又一个更为奇怪的现象出现了!就在薛礼刚一伸出手要捧水喝的时候,那股飞蹿高涌如水晶柱样的泉水突然回落了下去,水位一下子降到低于井口的一尺之下。薛礼被这景象一下惊怔住了,唐太宗也觉得很是意外。

但是薛礼在愣怔中略一思索,就马上明白是怎么回事了。他直起身来,对唐太宗说:"启奏陛下,皇上乃是真龙天子,这泉水是水神专为皇上供奉的,微臣一介凡夫岂能喝得!我再到别处找点儿水喝就是了。"

"也罢,只能如此了。"唐王只好微然一笑,点头说。

薛礼沿着山坡往上又走了几十步,就见不远处山根下有一条小溪,水流清澈,汩汩而淌。他急忙走过去,蹲下身刚要用手捧水来喝,忽然看见一条二尺多长的金色大鲤鱼正逆流而上,鳞光闪闪,耀眼生辉。薛礼心想:"真是天赐我也!我和皇上正有些饥饿,我何不抓住这条鱼,架柴生火烧烤了,送给皇上尝尝鲜!"他一念至此,竟然忘了喝水,跳起身来直奔那条鲤鱼跑了过去。

但说这条鱼并不是平凡之鱼,它本是五龙山老龙潭的龙王小白龙所变。今天,他见唐太宗来到这里游览,走得人困马乏又饥又渴,就想借此机会向这位君主供奉甘泉,献个小殷勤,若有幸或许还能讨到皇帝的"御口封赏"呢。可是,当它看到唐太宗喝完水并没有"封赏"的意思,还急着让薛礼上前来喝水,心里一失望,就退身出来,要回老龙潭了,没想到自己还没游出多远,就见薛礼飞奔而来,这可把它吓坏了!因为小白龙知道,这位薛礼大元帅也不是泛泛之辈,他本是上方白虎星君转世,他的震天弓、穿云箭又是九天玄女娘娘所赐,要他帮助大唐天子平叛靖边,治理蛮夷的。

小白龙想:"薛元帅位极人臣,远非凡夫俗子可比。而且武勇之人都性情刚烈,今天自己在皇帝面前让他没了面子,就等于得罪了这位大帅,被他逮住还能轻饶了自己?"

小白龙心里正这么想着,薛礼已经跑到近前探手抓住了它的鱼鳍。小白龙吓了一跳,"扑棱棱"拼命纵身一跳挣脱了,一下子蹿起几十丈高,斜着飞上山坡。它本想跳起来现原形驾云逃跑,不想由于用力过大,一头撞进山坡上的一株不老松里,左挣右挣不能脱身,竟变成了一条石头鲤鱼夹在了树中……

从那以后,"石鲤穿松"的故事就流传了下来。随着这个故事的口口相传,这里也成了一道奇特的景观,吸引着诸多游人到此观赏。"石鲤穿松"是活着的历史文物,也是稀世的自然奇观。

◎ 石鲤穿松近景

月下老人红线牵

婚姻是人生的大事，但在中国传统观念中，婚姻是由上天决定的。最早决定婚姻的神仙是女娲娘娘，后来又有了人们熟知的月下老人。

相传世间男女的姻缘全由月下老人来决定，他有根红线，在青年人求偶之际，月老就开始安排青年男女的婚姻了。他的布袋中有一个法宝，就是一条红绳。只要月下老人用红线把小伙子和姑娘的脚连上，那么，就注定了两个青年男女的今世姻缘，不论有怎样的坎坷与困难，他们都会结成为夫妻，这就是"千里姻缘一线牵"的由来。后来，月下老人就成了人们在爱情上的祈望，祈求月老能够给予自己合适的姻缘，从而能幸福一生。

随着月下老人在民间的广泛流传，逐渐把对月老的信仰加入到婚礼仪式中去了。如在婚礼当中，有拴红线的，还有扯着红帛同心结的，以求白头偕

◎ 高功为月下老人圣像开光

老,婚姻美满。随着民俗信仰的深入,月下老人祠也在民间兴建起来。道教的大型宫观中都建有月老殿,写有"愿天下有情人都成眷属,是前生注定莫错过姻缘"的对联。

五龙宫供奉的月老非常灵验,八方善男信女都到这里烧香朝拜,希望月老能够满足自己的愿望,得到一个好的如自己所愿的姻缘。

许多大男大女在这里验证了这个神奇。在辽南还一直流传着一对夫妻分离又重逢的故事。

张倩是一个十分较真的女人,老公李俊峰是个非常能干的东北汉子。他们家里养了一辆卡车,李俊峰每天风里来雨里去地跑运输,辛苦归辛苦,赚钱还是很多的,加上张倩精打细算,两口子的小日子过得很滋润。十年了,两人也没有要孩子。张倩在美容院里面上班,工作很忙,一直也不想要孩子,原因是双方父母早就过世了,没有人给看孩子。李俊峰也没有什

◎ 阳春三月的五龙宫

么想法，闲下来的时候，两个人腻在一起恩恩爱爱的，非常幸福和甜蜜。

有一天，李俊峰碰到了他的老同学余丽华，一个三十多岁的女人，那种成熟的美让李俊峰怦然心动。当年上中学的时候，他就暗恋余丽华，还给她写过情书，不过让余丽华交给了老师，老师还把李俊峰的父亲找来了。李父回家后把李俊峰一顿暴打，李俊峰就此逃学，然后到社会上去混。一个十五岁的孩子，为了懵懂的爱情付出了高昂的代价。后来父亲把他送到了车队学开车，然后自家又买了汽车，李俊峰也算有了自己的事业，还有了张倩这样可心的爱人。

李俊峰是一个多情的种子，旧情难忘，见到余丽华就多了许多感慨，提起当年的懵懂爱情，两个人都笑了。余丽华的婚姻并不幸福，离婚了，此时正在人生的路口上徘徊，见到伟岸俊朗的李俊峰，内心里无限欢喜。两个人忽然就找到了共鸣点，然后就不管不顾地私奔了，一走就是三天。李俊峰说去大连谈合同，张倩也就信以为真。天长日久，张倩发现了李俊峰和余丽华的私情，气愤急了，又摔东西，又撕咬李俊峰，甚至还找到余丽华打骂了一通。李俊峰在气头上，就把张倩暴打了一顿，然后扬长而去。张倩不吃不喝，在家里静养了几天，由于没有父母，也没有姐妹，连个倾诉的人都没有。最后的依靠塌了，她就想到了死。但临死之前，她又没了勇气，就准备离家出走，到更远的地方去散散心，然后再自杀。

张倩离家出走了一个多月以后，李俊峰才发现，家里空荡荡的，没有一点生机。没有张倩的家，家也就不成为家了。李俊峰开始后悔，后悔自己一时糊涂所做的事情。这个时候，余丽华从李俊峰的手里骗了五万元钱，也消失得无影无踪。李俊峰现在是鸡飞蛋打，一无所有了。想起与张倩携手十年的恩爱，心里隐隐作痛，发现自己真的错了，错得非常离谱。于是开始四处去找张倩，但找了半年，一点音讯也没有。

没有办法，李俊峰还是继续干自己的老本行，开车拉货，没有白黑地工作，饥一顿饱一顿的，人也变得无比憔悴，感觉就像老了十岁。这样的日子过了近两年，张倩的踪迹一直没有找到，李俊峰心力交瘁，欲哭无泪，这么长时间了，不知道张倩到底怎么样了，张倩的身影总是在他的眼前闪现，总也挥之不去。现在才明白，自己是多么爱她啊。他绝望了，就想一死了之。

那一天，他来到了千山，想自己死在山里边，让自己的灵魂化成风，在风中捕捉张倩的信息。在一棵老树下，李俊峰痛哭流涕，悲痛欲绝，回想起和张倩在一起的十年岁月里，快乐的笑声，有滋有味的生活，多么美妙啊，如果好好珍惜，怎么会错过相爱的伴侣呢？他开始用头撞大树，顿时，鲜血淌了下来，他就想这样一头撞死算了。

冥冥中，李俊峰听到了凄厉的喊声："救命啊，救命啊！"李俊峰丝毫没有犹豫，心想临死还能救一个人，还不错。他飞奔了起来，直奔声音源头。原来是一个赶山的老人采蘑菇时，一不小心从悬崖上掉了下来，腿摔断了，动弹不得。李俊峰二话不说，把老人背下了山，送到了医院里，然后陪护老人，端水送饭，就像老人的儿子一样，还给老人垫付了医药费。

老人病稍好些，看出了李俊峰的心事，李俊峰就竹筒倒豆子似的把郁结在心中的事情全都说了出来。老人说，你知道自己错了就好，有些事情错过就错过了，再挽回真的很难。但是，只要你有爱心和善心，人生也许会有所改变。李俊峰哭了，说自己太对不起张倩了，就是无法忘掉她。老人叹口气说，你去五龙宫庙里拜一拜吧，把你的愿望都说出来，也许能感动上天。老人还说了许多五龙宫里曾出现的一些神奇的事情。

这一天，老人把李俊峰带到了千山五龙宫，让他到庙里静静心。进了庙里，他逐个神像开始拜，当拜到月下老人的神像时，李俊峰就开始哭泣。边哭边喊："张倩，张倩，我对不起你啊！"哭得天昏地暗，在地上长跪不起，谁劝也不行，吸引许多香客来观看。

围观人群中，有一个年轻的女子见到李俊峰顿然泪流两行，禁不住就走到他的身边，扑通一声也跪在月老面前，放悲声大哭起来。这个人就是张倩。原来，张倩离开了家近两年后，自杀没有死成，被好心人救了下来，就心灰意冷，到一个养老院里当志愿者。但她内心里总有个结没有打开，今天，她偶然到五龙宫拜神祈愿，不想在这里遇到了李俊峰。见李俊峰哭得如此伤心，也勾起了她的爱恨情仇，心里五味杂陈，泪水就忍不住了。

这个结就是李俊峰这个冤家,原来张倩的内心里始终没有把李俊峰放下,爱之深、痛之切啊。

一对冤家突然就在月老面前重逢了,内心里面多少苦痛暂且都放下,两个人紧紧地相拥在一起,发誓从此后再也不分离。有人说,这是五龙宫的月老灵验,因为李俊峰发了善愿,救人积下了德行,于是仙人指路,当下就来报了。

朝阳的王庆发带着女儿来到五龙宫敬香求医,他对道长说:"我女儿得了精神病,整天傻笑,见到年轻的小伙就追着吵着要嫁给人家,求道长救一救她吧!"道长让她抽了支签,只见签上有一男一女面对面地站着,两个人手牵的红线已断。道长明白了是怎么回事,就问:"你女儿有婆家了吗?""没有!"王庆发回答得很干脆。道长说:"你必须说实话,我们才能对症下药,你不说实话这病没法治。"王庆发只能实话实说:"女儿自己找了个婆家我不同意。""是婆家穷还是小伙不好?""都不是,是我年轻时和他姑姑处过对象,他爷爷嫌我家穷不同意,所以我女儿说啥也不能嫁到他家。""这病根找到了,最好的药方就是同意这门亲事。"说到这里,只见她女儿双手捂着脸笑出了声。王庆发没表态,道长接着开导说:"只要女儿同意这门亲事就行,当老人的不能把上一辈子的恩怨加在孩子们的身上,只要把女儿嫁过去,上辈子的恩怨自然就化解了,这事你一定要想好,可不能办糊涂事。""道长,那我就得同意这门亲事?""只要你同意这门亲事,你女儿不用治疗病就会好。"听完道长的话,父女高高兴兴地拜了月下老人,敬了香,献了花,有说有笑地回家了。

很多青年男女到五龙宫拜月老,祈愿发誓,希望月老能帮助找到一个好的姻缘。更有许多老年人来这里虔诚地磕头烧香,为儿女祈求姻缘。八月十五月儿圆,五龙宫里的月老神仙是不是真的很忙?种善因,结善果,这里寄托了多少善男信女的美好人生愿景。

龙宫八景神迹多

五龙宫共有八处景观,分别是玉阁凌空、瑶池仙境、群狮守关、母女情深、五音奇石、石鲤穿松、观日台朝阳、凤凰石夕照,其中有自然形成的,也有人文塑造的。这八景都不是空穴来风,个个都有来历,每一处景观都有一个神奇的故事。

群狮守关。五龙宫的山门有一群狮子,共有四对,憨态可掬,人见人爱,就像送给游客的见面礼。这算是五龙宫的一景,有诗歌为证:"雄狮朝

◎ 汉白玉石牌坊

天吼,幼狮绕石蹲。相携守仙关,憨态迎游人。"

在设计山门牌坊的时候,五龙宫的道士们颇费了一番心思。高大的匾额上,正反面刻的四个雄浑大字"五龙圣境",犹如群龙出海,一飞冲天。

有一天,一个云游的道人到五龙宫挂单,特意找到监院说:"五龙宫周围有一群狮子,每天围着五龙宫转,为千山老百姓守候幸福。这群狮子是老君神仙的神兽,由于五龙宫是老君神仙曾经采摘鲜果的地方,这里就特别灵验。神狮是跟随老君护驾来的。"

监院微微一笑,没有承认,也没有否定。五龙宫有神狮子是真的,如果自己有感应,每当夜深人静,总能听到狮子在吼叫。之前大家也知晓这些狮子的来历,但就是不知道如何安排它们好。正好赶上要建五龙宫山门的牌坊,这是一个非常好的机会。一般只放两个神狮子就可以了,但是五龙宫不可以,群狮绕山,这是千山的吉祥之兆,也是五龙宫的宝贵财富。

◎ 石狮守关

一旦思路通了，郁结也就没有了，这就是五龙宫现在群狮雕塑的由来。

凤凰石夕照。一年夏天，五龙宫开法会，来了一位周老太，在五龙宫上上下下转了半天，累得满头都是汗，一脸的焦急之色，似乎是丢了什么东西。有道人过来问她："您找什么？"她说："我找救命恩人。""您的救命恩人是谁？"周老太说："是一只凤凰，一飞起来就能遮住半边天的凤凰。"许多熟悉五龙宫的人都笑了："你这个老太太真能胡说，这里哪有什么凤凰啊，你见过啊？"周老太摇摇头叹口气说："说了你们也不知道吧，那只凤凰就是五龙宫的，我见过，她救过我们家孩子的命。"

说着周老太就给大家讲了一个故事，四年前，她带儿子去营口相亲，闲时两人到海边游泳，这时一排大浪把儿子打进水里，令他失去了知觉，瞬时就往海底里沉。岸上的人们大声惊呼起来。这个时候，突然飞来了一只大凤凰，一头扎进海里，将这个昏迷的大小伙子托上了岸。岸边所有的人都震惊了，哪里来的神凤啊，真美啊！当大家看到周老太儿子的时候，才明白是怎么回事，原来凤凰是飞来救人的！再看凤凰已没有了踪影，在场的人纷纷跪在地上给神奇的凤凰磕头。

周老太讲得津津有味，听者不停赞叹。但是，凭什么说这只凤凰就是五龙宫里的呢？周老太继续说，自己为了找到这只凤凰都找了很多年了，现在儿子都结婚了，还生了一个大胖小子，这是多大的福报啊！所以，她发誓要找到这只神凤，一定要真心报答她。有一天深夜，她做了一个梦，那只神奇的凤凰飞来，后边还跟来了五条龙，在天上盘旋了很久，似乎在暗示她什么。醒过来以后，她逢人就讲这个故事，并向他们打听哪里有凤凰。多数人说这个老太太精神有问题，不就是一个梦吗，至于这样认真吗？但是她非要找到不可。终于碰到一个有缘人告诉她，这个梦境也许暗示神凤可能在五龙宫，到那里去看看吧。一语点醒梦中人，梦中的五龙也许真就是五龙宫的那些龙神吧！

就这样，她来到了五龙宫，离五龙宫越近，她心里就越紧张，内心感觉就更加亲切，犹如游子归来到家的感觉。到了庙里以后，她被这里强大的磁场给牢牢地吸引住了，她在内心里告诉自己，神凤就在这里，可是怎么也找不到神凤的踪迹，这让周老太十分苦恼。

正在大家议论纷纷的时候，监院出门办事回来了，见到周老太就笑，对她说："老人家你辛苦了。"周老太反问："您知道我要找什么吗？"监院微微一笑，说："你跟我来吧。"然后带领周老太来到一块巨石面前，郑重地说："你在这里静坐一会吧。"周老太半信半疑地坐下了，不一会工夫，她突然站了起来，然后扑通一声跪下了，紧闭双眼，口里不停地念叨，眼泪就滑了下来。

傍晚时分，周老太从山上下来，边走边喊："找到了，找到了！"欢天喜地地找到监院，把发生在自己身上的神奇事情都叙述了一遍。周老太终于找到了这只神奇的凤凰，找到了救命恩人。原来这只神凤是九天玄女娘娘的坐骑，随娘娘一起来到了千山五龙宫落地化石。那个硕大的岩石就是凤凰的化身，远远看去，犹如一只巨大的凤凰立于山巅之上，美丽异常。

◎ 凤凰石

凤凰之所以成了周老太的护法神仙,是因为周老太平时不杀生,爱惜小动物,拯救了许多小动物的生命,现在家里还收养了许多流浪的小动物。本来她的命里没有儿子,更不要谈有孙子了。但周老太用自己虔诚的心感动了天和地,得到了很好的福报。

既然神凤已经显迹救人,就应该给神凤一个位子,庙里就把这块凤凰石列为五龙宫八景之一,让那些有缘分的人来五龙宫祭拜。这正是:"山抱岚风宿,龙拥皓月眠。凤凰栖此处,万载不思天。"

母女情深。一日,有一对李姓母女来到了五龙宫,见到监院直截了当地说:"你们这里有一颗神树,是一对连体树。"监院说:"确实有一棵这样的百年老松树,大家都觉得很独特。"李女士说:"那棵神树是我们母女的护法神,今天我们来拜祭一下。"有道人问:"你怎么知道它是你们的护法神?"李女士叹口气说:"我女儿马上要高考了,平时学习成绩非常好,但最近总是迷迷糊糊的,上课就睡觉,晚上睡不着,直喊胸口闷,去医院看,也没有看出什么病。有人说是我们

◎ 母女松

的护法神被一块石头压住了胸口,所以导致孩子心口闷胀。正在我着急不知道去哪里找我们的护法神的时候,有一天夜里,护法神给我托梦了,说她在五龙宫的庙里,还显相给我,说有一块大石头压在她的树根上了,所以导致孩子胸口闷。"

监院带着这对虔诚的母女来到了凤凰石旁,旁边那棵连根大树在风雨中巍然耸立,郁郁葱葱。母女两人见了这颗神树就一起跪在其面前,十分虔诚地拜了起来。监院发现树根上确实有一块巨石压在上面,马上安排人将石头抬走。石头抬走后,女儿马上气儿就能喘匀了,没有血色的脸顿然红润起来。半个月后,女儿高考特别成功,考上了人民大学。于是大家传说这对母女树灵验,此后总有一对一对的母女一起来祭拜神树,都说这树是母女恩爱的象征。后来这树就成了五龙宫的一景,名为"母女情深"。有诗为证:"千华峰峦秀,苍翠显钟灵。孕育母女松,依偎注深情。"

◎ 观日台

仙阁凌空与瑶池仙境。此处景观是指玉皇阁及王母殿高踞山崖极顶，其下断崖峭壁，傲立群峰之上，偶有山风吹着云雾飘来，层层裹缠山腰，松涛乱舞，画栋雕梁，直欲乘风飞去。游人身居阁上，但觉脚下云烟浮动，有天无地，一派空灵。王全林方丈曾作诗赞曰："玉皇仙阁凌碧空，九霄神阙壮五龙。雾气蒸腾翻云海，瑶池蓬莱幻胜境。"

"伯牙操瑶琴，高山流水声。奇石奏五音，宫商角徵羽"，是对五音奇石的描写。"日台观朝阳，苍茫云海间。火红一轮满，光彩照大千"，这首诗专赞观日台朝阳的奇景。每当朝阳初升，登台远眺，天空如赤炼，旭日如巨盘，沧海变幻，流金溢彩，堪称奇景。

至于"石鲤穿松"，我们在其他篇幅中专有介绍，在此就不细说了。

八景的开发与建设，反映了道教崇尚自然的宗旨，大有神宅仙居之意境。更多的时候五龙宫都知道如何去设计和开发，或依峰建于凸坡蜿岩之间，或利用自然天成的奇迹，达到与自然景观的高度协调。

五龙宫的风景迤逦，巍峨耸立的高山和高山上的松柏在晴朗的天空下更加壮观怡人。立高山之巅俯瞰五龙宫，那里就是仙境，是神仙飘逸之所。五龙宫有八景为明珠，千山有千景为绿荷，熠熠生辉，神奇神秘的云水之乡，让天下文人墨客不思归，让善男信女无限陶醉。

寻仙有路：
善信祈福五龙宫

苍松峭石峦嶂重，
莲花化作千座峰。
欲寻神仙何处有，
万众祈福五龙宫。

元辰免灾有来历

　　千山五龙宫建有一座世界上最大的六十甲子元辰殿，总占地面积四千余平方米，建筑面积二千余平方米。元辰殿为典型的清代四合院殿宇式建筑。五龙宫在构思建元辰殿伊始，就注重建筑的雄伟、局部的精细、色彩的艳丽、殿堂的神秘，更注重元辰信仰的完整。

　　步入元辰殿庭院，踏上青色石板铺成的地面，只见元辰大殿重檐复宇，翘角沓瓴，东龙西凤，中置兽驮葫芦宝瓶，两端饰龙头开大吻，上插剑把，垂脊装点仙人、六兽；檐下斗拱重昂五彩、象鼻形昂嘴；九架梁，有檐柱，

◎ 五龙宫元辰殿

◎ 屋脊六兽

以盆式青石柱为基础；格扇门窗，梁房上彩绘精致，梁为砌上明造，无顶棚。整个建筑在山峦苍松的掩映下，显得庄严肃穆，既有鲜明的东北地方建筑风格，又颇具道家特色，更为我国不可多得的现代仿古建筑艺术珍品。

值得一说的是"龙吻"和"六兽"。古代的宫殿与庙宇房顶通常由一条正脊和四条垂脊组成，统称五脊。正脊两端的兽叫"龙吻"。关于"龙吻"，还有一段传说。龙王年迈时，欲禅位给儿子，无奈老龙王有两个儿子，他们又为争位互不相让，于是龙王下令："先吞下宫殿的房脊者当王。"龙兄闻言，飞身抢先张开巨口吞住房脊，龙弟见势操剑在手，将其兄刺死在屋脊之上。龙弟见闯下大祸，飞身离去，民间称其为"无影无踪"。所以龙吻又叫"吞兽"。在四条垂脊上的蹲兽分别为狻猊、斗牛、獬豸、凤、狎鱼、行什，这六兽合称为"螭吻"。

每个兽都有它的特征，如仙人指路、走投无路、赶尽杀绝、跟腚帮捣、顺风扯旗、坐山观火。从这样的特征可以看出，这六种兽的面目十分狰狞，神头鬼脸，而只有凶恶、狰狞、龇牙咧嘴，让人看了难受至极，到了无法承受的地步，六兽的威严才真正发挥了，以达到驱邪避灾的效果，所以民间说六兽是神兽，是镇宅之神兽，集祈吉祥、装饰美和保护的三重功用。如今，城市建筑均为钢铁水泥，高楼林立，别说是六兽、吞兽，连屋脊也看不见了。一般人不知道五脊六兽为何物，便是学者也常生误会或被误导，那就到五龙宫来寻幽探古吧！

元辰殿内，檐角木行条全部采用大木料榫卯结构，顶部有精美的彩绘藻井，画有鹤、鹿、云彩、瑶草等图案，三面墙壁绘有星宿神仙壁画。殿内迎面正中供奉的是斗姆元君，铜铸贴金，圣像高3.3米，有三目，神光内敛，四首八臂，手执法宝。两旁"左辅"、"右弼"大护法，手持宝剑，法器，威严肃穆。四周供奉"六十元辰太岁"圣像，每尊像高3米，手持各

◎ 石刻生肖图之部分

种法器，仪态端庄，面目慈祥。这六十三尊铜质神像铸工精细，艺技均极高超，是东北地区的铜像精品，也为全国其他道观所未有。

正殿前石雕栏下的草木丛中陈列着十二尊天然奇石，上面雕刻着十二生肖像，形象逼真，栩栩如生，雕工精湛，巧夺天工，为现代石刻艺术的精品。

两庑配殿东侧五开间为道教音乐堂，一副楹联充分道出了这里的玄妙："清宫道法奏三千绝妙玄音，阆苑元辰推六十循环易理。"西侧为借势而起的三层客房，装饰现代，用于招待八方香客。

五龙宫元辰殿内供奉的斗姥元君，其法相是一位三目、四头、八臂，手中分别执有金印、弓、戟、日、月、宝铃等法器，中央两手结斗姥印，盘腿坐于莲花宝坛之上的女神。其法相象征"道体"，手持日月二轮应阴阳二气，而四头应四象，八臂应八卦，持宝杵以降魔御患，执孤矢以救劫消灾，振法铃以济人度鬼。斗姥元君名号中的"斗"是指北斗七星，"姥"则是母亲的意思，她的圣诞为农历九月初九。"斗姥"又称为"斗姆"，尊号为"圆明道姥天尊"，居大梵天宫，主掌天宝阁。斗姥元君神通广大，几乎无所不能。"能阳能雨能变化，救灾救难救刀兵，祈嗣就生麒麟子，祈名金榜准题名。做生意的祈求，则一本万利；祈求父母健康的，则能不老长生；祈求子孙的，后代能繁荣昌盛；祈求夫妇和合的，则可恩爱美满"。

斗姥座左边的护法神为"天蓬"，四头八臂；右边的护法神为"天佑"，三头六臂。二者表情生动，威武勇猛。

五龙宫在每年的正月初七、初八、初九这三天举办礼斗顺星法会，为十方善众祈福消灾。农历九月初一至初九，都要举办为广大善信弟子祈福纳祥和延生的道场，祈祷家宅兴旺，事业有成，健康长寿，子孙平安，幸福吉祥，并且以最虔诚的心愿祝所有善众凶星退却，吉星高照，万事如意。

"元辰天地始，阴阳乃道生"，由道教阴阳学说演化而来的。《素问·阴阳应象大论》中说："阴阳者，天地之道也，万物之纲纪，变化之父母，生杀之本始，神明之本府也。"人们将万事万物都归于阴阳两个方

面：天为阳，地为阴；日为阳，月为阴；至为阳，去为阴；动为阳，静为阴；昼为阳，夜为阴……阴阳学说具有朴素的辩证法色彩，是先哲认识世界的思维方式。

元为"善"，又指天地万物的本原，天为乾，地为坤。"元辰"含有"元旦"、"吉日"等吉利时日的意思，是古代的哲学概念。元辰神灵就是中国的年岁神灵，与每一位中国人的年运有关。中国古代人以天干地支循环相配，由甲子起至癸亥结束，以六十为一周天，也称六十甲子。

六十甲子即是用十天干（甲、乙、丙、丁、戊、己、庚、辛、壬、癸）与十二地支（子、丑、寅、卯、辰、巳、午、未、申、酉、戌、亥）循环相配而得。甲居天干之首，癸居天干之尾，子居地支之首，亥居地支之尾，干支相配，由甲子起，至癸亥止。六十甲子神就是与六十甲子相对应的六十位星宿。每位星宿各有一神，共有六十位神，他们轮流值年。值年神，又称太岁神，也称"太岁大将军"。如某人出生于哪一年（以立春后为准），那么当年值班之神就是某人的本命神。如甲子年出生的人，他的本命神就是甲子值年神。并且六十太岁神都有其真实姓名，如甲子太岁名"金辩大将军"，乙丑太岁名·"陈材大将军"……据说，礼祀本命元辰之神，可以保佑一年顺遂，运气亨通。

为了方便读者能自己去庙观找到与自身相对应的本命"太岁神"，现把干支纪年与公元纪年的对照表附录于下。我们通过这份对照表，再参照五龙宫元辰殿中供奉的"六十甲子太岁神"的牌位尊标，就能很容易地找到自己的本命神了。附表如下：

干支纪年与公元纪年对照表

干支	公元	属相	干支	公元	属相
甲子	1924　1984	鼠	甲午	1954　2014	马
乙丑	1925　1985	牛	乙未	1955　2015	羊
丙寅	1926　1986	虎	丙申	1956　1896	猴
丁卯	1927　1987	兔	丁酉	1957　1897	鸡
戊辰	1928　1988	龙	戊戌	1958　1898	狗

续表

干支	公元		属相	干支	公元		属相
己巳	1929	1989	蛇	己亥	1959	1899	猪
庚午	1930	1990	马	庚子	1960	1900	鼠
辛未	1931	1991	羊	辛丑	1961	1901	牛
壬申	1932	1992	猴	壬寅	1962	1902	虎
癸酉	1933	1993	鸡	癸卯	1963	1903	兔
甲戌	1934	1994	狗	甲辰	1964	1904	龙
乙亥	1935	1995	猪	乙巳	1965	1905	蛇
丙子	1936	1996	鼠	丙午	1966	1906	马
丁丑	1937	1997	牛	丁未	1967	1907	羊
戊寅	1938	1998	虎	戊申	1968	1908	猴
己卯	1939	1999	兔	己酉	1969	1909	鸡
庚辰	1940	2000	龙	庚戌	1970	1910	狗
辛巳	1941	2001	蛇	辛亥	1971	1911	猪
壬午	1942	2002	马	壬子	1972	1912	鼠
癸未	1943	2003	羊	癸丑	1973	1913	牛
甲申	1944	2004	猴	甲寅	1974	1914	虎
乙酉	1945	2005	鸡	乙卯	1975	1915	兔
丙戌	1946	2006	狗	丙辰	1976	1916	龙
丁亥	1947	2007	猪	丁巳	1977	1917	蛇
戊子	1948	2008	鼠	戊午	1978	1918	马
己丑	1949	2009	牛	己未	1979	1919	羊
庚寅	1950	2010	虎	庚申	1980	1920	猴
辛卯	1951	2011	兔	辛酉	1981	1921	鸡
壬辰	1952	2012	龙	任戌	1982	1922	狗
癸巳	1953	2013	蛇	癸亥	1983	1923	猪

本命年拜"顺星",这是流行于民间的一个古老习俗。这个民俗与中国传统的"干支纪年法"有直接关系。据史料记载,早在尧舜时代就开始用干支纪年法了。"干"就是"天干",由"甲乙丙丁戊己庚辛壬癸"组成,

称"十天干"。"支"即"地支",由"子丑寅卯辰巳午未申酉戌亥"组成,称"十二地支"。将天干、地支按顺序搭配,就成了农历的纪年法规。现行的十二生肖,则是我国古代术数家拿十二种动物配十二地支形成的。比如2001年是辛巳年肖蛇,这一年便是肖蛇人的本命年。每逢春节或其他节假日,"犯"本命年的人就要到元辰殿里礼拜本命元辰之"星宿神",乞求在本命年里平平安安,顺顺当当,保佑自己吉祥如意。因此,这一祈祀也称为"求顺星"或"拜顺星"。

　　道教认为,每年都有一位相应的神灵当值,共六十位,称六十甲子,或"六十元辰神",当值的甲子称作"太岁",该年出生的人们,就把这一年称为"本命年",把与自己出生时年号相同的甲子,叫做"本命神"。当"本命神"当值为太岁时,它就专司监察所有在"本命年"出生的人的言

◎ 元辰殿丹井

行，并负责上报天神。天神经查证如发现有人有不轨的行为，就会立即给予惩罚的。而如果礼拜了本命神，就可以获得他的护佑，令百恶皆伏，所行大吉。

再例如，按中国古代纪年的方法，2011年农历是辛卯年，辛卯年的"本命神"就是"辛卯太岁范宁大将军"。一过立春，就是辛卯年的"本命神"辛卯太岁范宁大将军开始当值，履行他护佑人世间百姓的神圣职责了。

假如有犯"本命神"辛卯太岁范宁大将军的朋友们，就可以在这一年的正月里，抽时间去一趟千山五龙宫，给自己今年的"本命神"辛卯太岁范宁大将军敬个礼，叩个头，许个愿，能保佑你在这一年里万事平安，吉祥如意。如果你人在外地，来不了五龙宫，那也没关系，你可以在附近道观请一尊你的"本命神"辛卯太岁范宁大将军的神像照片供奉，然后双手相抱，左手大拇指掐右手无名指根节，右手大拇指掐左手中指稍节，左手其余四指抱右手，跪地注视着他，而后消除心中的一切杂念，闭上眼睛默默许愿，这样也能保佑你一年中家人平安，事事如愿。

民间社会既有流年岁神的信仰习俗，且有各个值年大将军的名讳，关于六十甲子每位神灵的具体姓名，神像前都有神位牌陈列，上面标明"星神"的名讳。对这些名讳稍做考查就会发现，他们都是古代一些修道有方，或者为一方百姓做过好事的历史人物。

根据口传、手抄和民间流行的通书，以及道士手抄的道学杂记等有关资料，现将元辰殿所列出的大将军名讳列表说明如下：

六十太岁星君的姓名

甲子太岁金辩大将军，乙丑太岁陈材大将军，
丙寅太岁耿章大将军，丁卯太岁沈兴大将军，
戊辰太岁赵达大将军，己巳太岁郭灿大将军，
庚午太岁王济大将军，辛未太岁李素大将军，
壬申太岁刘旺大将军，癸酉太岁康志大将军，
甲戌太岁施广大将军，乙亥太岁任保大将军，

丙子太岁郭嘉大将军，丁丑太岁汪文大将军，
戊寅太岁鲁先大将军，己卯太岁龙仲大将军，
庚辰太岁董德大将军，辛巳太岁郑但大将军，
壬午太岁陆明大将军，癸未太岁魏仁大将军，
甲申太岁方杰大将军，乙酉太岁蒋崇大将军，
丙戌太岁白敏大将军，丁亥太岁封济大将军，
戊子太岁邹铛大将军，己丑太岁傅佑大将军，
庚寅太岁邬桓大将军，辛卯太岁范宁大将军，
壬辰太岁彭泰大将军，癸巳太岁徐单大将军，
甲午太岁章词大将军，乙未太岁杨仙大将军，
丙申太岁管仲大将军，丁酉太岁唐杰大将军，
戊戌太岁姜武大将军，己亥太岁谢太大将军，
庚子太岁卢秘大将军，辛丑太岁杨信大将军，
壬寅太岁贺谔大将军，癸卯太岁皮时大将军，
甲辰太岁李诚大将军，乙巳太岁吴遂大将军，
丙午太岁文哲大将军，丁未太岁缪丙大将军，
戊申太岁徐浩大将军，己酉太岁程宝大将军，
庚戌太岁倪秘大将军，辛亥太岁叶坚大将军，
壬子太岁丘德大将军，癸丑太岁朱得大将军，
甲寅太岁张朝大将军，乙卯太岁万清大将军，
丙辰太岁辛亚大将军，丁巳太岁杨彦大将军，
戊午太岁黎卿大将军，己未太岁傅党大将军，
庚申太岁毛梓大将军，辛酉太岁石政大将军，
壬戌太岁洪充大将军，癸亥太岁虞程大将军，

中国传统的纪年方法干支纪年法，始于甲子，终于癸亥，一个轮回需要六十年，称为一甲子。在这六十年里，每一年天上都会派一位神仙下凡来值年，类似当今机关单位所说的值班。这位神仙负责掌管这一年中人间

的福与祸,也掌管这一年出生的人一生的安危祸福,民间就尊称这些神仙为值年太岁。

一般人的年庚,若与值年太岁相同,民间称为犯太岁,年庚对冲的人,则叫冲太岁。按照十二主星宿中记载:"太岁当头有灾祸,刑冲破害鬼推磨,流年若还逢忌神,头破血流难躲过。"因此,无论是哪一种,在那一年里必定百事不顺,事业多困厄,身体多病变,因此务必要拜奉太岁星君以保平安。

什么叫做犯太岁呢?在这里再详细地说一下。其实"犯"就是"冲",其中又分为"年冲"和"对冲"。所谓的"犯太岁"、"年冲"即是指生肖之年,例如今年是蛇年,属蛇者即为年冲;"对冲"即是指生肖之年再加上六年,"对冲"又叫"六冲",即子午冲、丑未冲、寅申冲、卯酉冲、辰戌冲、己亥冲,以辛巳蛇年为例,己与亥为相冲。因此,肖猪的人士在辛巳蛇年,

◎ 元辰殿前生肖石刻子鼠、丑牛

便是"对冲",犯了太岁。凡是遇到"年冲"或"对冲"的生肖,都要到庙里拜太岁,才会诸事顺吉。

此外,还有一种"刑太岁"的说法,"刑太岁"也叫"偏冲"。也就是说,自己的出生年如与流年所属生肖相差三年,就是犯了"刑克",也就是与流年太岁有了"偏冲"。例如蛇年,肖蛇为太岁,肖猪为冲太岁,而肖猴和肖虎的就是"偏冲"太岁。

当然,以上我们在书上所记载的这些说法,虽然讲解了元辰免灾一说的历史由来,但仍难免挂一漏万。最好的做法就是到千山五龙宫的元辰殿去祈拜,并请教值殿道长,他们定会给你一个满意的答复。

金蟾坐潭赐金钱

到千山五龙宫旅游观光的朋友，一进山门就会发现，五龙宫广场的正前方筑有一潭，潭中塑有一尊高近一米、方圆一米五左右的金蟾，它身上还系满了一条一条的红布，几乎遮住了金蟾的原身。走近看，潭水清澈，红鱼细石明艳可见，而且潭底里还有许多的硬币。这就是为人们所盛传的五龙宫奇景之一"金蟾坐潭赐金钱"。

我们都知道，三条腿的蛤蟆被称为"金蟾"，传说它能口吐金钱，是旺

◎ 金蟾坐潭赐金钱

财之物。现如今,你走进一些商家店铺,迎面都会看见显眼处供奉着一尊铜铸的金蟾。还有一些公司老板的老板台上,也有摆放或铜或玉或石或水晶的金蟾。

说到金蟾,许多民间传说中都有它的靓影。古代人刘海在欢乐谷修道,用计收服金蟾,以后得道成仙的故事,就是其中之一。至今民间仍流传"刘海戏金蟾,步步得金钱"的传说。

相传,在晋安帝时,王屋山天坛顶有一条大蟒,它历经千年修行,接天地之灵气,内功大增,每日以吞食过路之人为食,闹得这一方路断人稀,荒无人烟。而在附近九里沟内有一只蟾蜍,道行约在万年之上,已经即将修成正果。蟒蛇一心想吞食蟾蜍以增加功力,它开始每次吸吮时,仅能将蟾蜍吸离地面,后来日渐增高。蟾蜍自知危险愈来愈近,便日夜不停地加紧练功,最终悟通禅理,法力倍增。一日大蟒又来吸吮,蟾蜍从口里吐出三个烟圈紧紧套在大蟒身上,最后将大蟒箍死。

蟾蜍杀了天敌修成正果,整日游荡于九里沟之间,想与人接触,多做善事,多结善缘,多种善果,也好早入天庭。有一日,它见一个二十多岁的樵夫异人天相,一时心生怜念之意,就有心和他成就一段俗世姻缘,修一段人缘再证仙箓。这个樵夫名叫刘海,无父无母,生性善良,与世无争,乐善好施,每日打柴卖钱,除去自用之外,把余钱都给了山中的孤寡老人,因此深受这里人们的爱戴。只是因为家贫如洗,住在一眼废弃的窑洞之中,虽已经年过二十,仍没有婚娶。

蟾蜍决心嫁给刘海,所以每日趁刘海上山打柴时,就来到刘海家,脱去蟾皮,变成一位美丽的少女,为刘海洗衣做饭。在刘海回来之前,将热腾腾的饭菜摆放桌上,然后又穿上蟾皮隐于山中。一来二去的,这事有不少邻居都发现了,只有刘海本人还被蒙在鼓里。

开始刘海也没有太在意,以为是哪个邻居帮他做的呢。可是一连好多天都是这样,他出于感激,就去向邻居道谢。不想,邻居们却笑他说:"你娶了个漂亮媳妇藏在家中,反过来说我们替你做饭,是不是怕我们讨你的喜酒喝呀?"刘海一听非常吃惊,就刨根问底。邻居一看他真的是不知道实情,就把她们看到的情景原原本本地告诉了他。刘海听完,疑疑惑惑地回到家,夜里翻来覆去地睡不着觉,终于想出了一个主意。第二天,刘海仍和往常一样,鸡叫头遍就背起斧子扁担上山了。可是这一次他没往远走,只是拐了个弯儿,又悄悄地返回家来,藏在了院里的柴堆内。大约太阳升起一竿子高时,他忽听木栅大门一响,就见从外面蹦进来一只硕大的蟾蜍。刘海当时吓了一跳,趴在柴堆里动都没敢动。这时,就见那只大蟾蜍进院门后摇身一变,变成了一位美丽的少女。她转过身,随手把一张蟾皮塞到木柴堆的缝隙中,就进屋去开始清理床铺,叠被叠褥,烧火做饭。忙了好一阵子之后才出来,又拿出那张蟾皮往身上一披,就又变成一只大蟾蜍,蹦蹦达达地跳出大门而去了。

　　这一切简直让刘海看傻了眼,也不知道这是好运进门,还是祸事要来了。辗转多时,才一咬牙一跺脚,拿出一股豁出去了的架势说:"管它是福是祸呢,豁出去了!是福不是祸,是祸躲不过。反正自己孤身一人,跳井不怕挂下巴,有什么可怕的?即便是祸,大不了也就一个死够了!"反过来又一想:"也许是上天有眼,眷顾我这个可怜人,给我送来位天仙做媳妇。如果天赐不取,不是还要反招其祸嘛!干脆豁出去了,爱怎么着就怎么着吧。"刘海下定了决心,第二天又如法炮制,等候蟾蜍再次到来,看着她脱去蟾皮进屋开始做

◎ 刘海戏金蟾(戴敦邦画)

饭时，刘海就悄悄地钻了出来，一把抓起蟾皮冲进屋，把蟾皮投入熊熊的灶火中。蟾蜍闻声急忙转身想抢回蟾皮已经来不及了，见蟾皮被烧毁，她不禁双眼含泪地说："我乃金蟾仙女，见你孤身一人老实规矩，又有异人之相才来帮你做饭并和你结为夫妻，待你生活富裕后我就要返回天庭。可是如今你烧掉我的蟾皮犯了天条，我也不能再帮你了，咱俩的缘分也算尽了……"说完转身就走，刘海急忙紧紧抱住仙女，哭诉说："我从小失去父母，无依无靠，既然仙女来帮我就应该帮到底，请求你原谅我，还是留下来和我一起过日子吧……"金蟾仙女见他说得情真意切，又说："我没了蟾皮就没了保护，天神要抓我去天庭治罪，到时会连累你的。"刘海说："我因一时莽撞给你惹下大祸，真是愧对恩人。但是我愿意和你有难同当有罪同受有福同享，如果天神怪罪下来的话，让他把我也抓去一同治罪好了！如果天神不稀罕抓我，我也只有日后多烧香敬神，以此来为你赎罪免灾了。"金蟾仙女长叹一声，也只好应允了。本来金蟾仙女预测到，经她相助刘海将来一定会官运亨通，位极人臣，能为百姓做许多好事的，如今天机泄露，也只能听天由命了。

就这样，刘海和金蟾仙女过了一段安定的生活，一对小夫妻倒也恩恩爱爱，夫唱妇随。可是就在这年的二月初二这天，天空中突然狂风大作，电闪雷鸣，一尊天神降临院中，抓起金蟾仙女腾空而去。刘海哭得肝肠寸断，死去活来……

金蟾仙女被抓走后，刘海决心去金蟾修行之地出家为道，以此来追忆金蟾仙女。他终日念经坐禅，烧香敬神，潜心于功课，为金蟾祈求上天，希望她免遭磨难，并自取法号叫"刘海蟾"，以示对金蟾仙女的思念。由于刘海蟾一心修道，至诚感天，后来得到吕纯阳祖师的点化，终于功果圆满，成为道教一代宗师。

因为刘海的得道成仙，也消除了金蟾仙女的罪愆，又得到玉皇大帝的宽宥，授予她丹书玉牒，使她得以位列仙班。从此，两位仙家经常结伴降临凡间，化身显圣，布施金钱给贫困人家，使一些有德行的人转贫为富，"刘海戏金蟾，步步得金钱"的传说就这样在民间迅速流传开来。再后来，人们因为"金蟾"吐钱给穷人，有使人由贫转富的能力，又把"金蟾"当做旺财的瑞兽供奉起来了。

金蟾仙女化身万千。据传说，当年彭复光祖师募化修建五龙宫时，有一只在这里修炼了几百年的"三足金蟾"认为彭祖师侵犯了它的洞府，经常夜里出来兴风作浪，致使工程无法顺利进行。但是彭复光祖师体上天好生之德，不忍心伤它性命，只以好言劝说，但那位"三足蟾"就是屡教不改。后来金蟾仙女看不过，就来到凡间想把它捉住治罪。"三足金蟾"自知斗不过金蟾仙女，急忙向老祖峰上爬去。可是它毕竟道行太浅，只能夜间活动，见不得太阳，没等爬上峰顶太阳就出来了。"三足金蟾"被太阳一照，立即变成了一块大石头！如今老祖峰的东南角峭壁上仍挂有一块巨石，大如碾盘，一头向上翘起，恰似一只蟾蜍正在向峰顶爬去。

金蟾仙女见"三足金蟾"变为石块仍不放心，还恐它日后变化了再来捣乱，就把自己的化身留在了五龙宫。后来有道士在五龙宫内修筑了一潭，为金蟾仙女塑了一座金身原形供奉在那里，也有请她永镇妖邪，保佑平安的意思。一晃数百年过去，那些知道"金蟾吐钱"故事的人们来到五龙宫，都要往"金蟾"嘴叼的那枚铸钱的眼里投掷钱币，如果谁有幸把硬币掷进了金钱眼，这一年中就保证能发大财。据说吉林省集安县有一穷汉叫苏德全，前来五龙宫向金蟾求财，掷了五枚钱币连中三元，在场的善男信女都说苏德全今年能发大财。果不其然，当年秋天他去放山挖了两棵棒槌（山人参），到山货庄出手卖了60块银元。苏德全一看山参真值钱，就把两棵山参结的籽种在房后的山坡上，就等着发大财，第一年人参长得很小，五年后人参才长到三寸多长，只有小孩的手指头粗细。苏德全发财心切，有点等不及了，挖出几棵人参送到山货庄，山货庄掌柜用放大镜仔细观看人参纹后，长叹一口气："小伙子，可惜了，参是好参，就是年头太短卖不上价钱，要是再过十年、二十年，这参就值钱了"。苏德全听了掌柜的话，年年参籽成熟就种上，十五年后开始卖长成参，每年都收入一百多两银子，成了远近闻名的山参王。

在向金蟾求财的人当中，也有一大部分是经商赔了钱，或者财气不旺、

生意倒闭的人。孤山子的张顺家里开了一个杂货铺,头三年人气很旺,生意兴隆,到了第四年生意冷冷清清,他来五龙宫向金蟾求财,可是掷了10枚币一个也没中。他去拜访王道长说明了情况,王道长通过察言观色看出来他是一个奸商,就问:"你卖的货是否掺杂使假、短斤少两?""我在白酒里兑凉水,盐里掺过白砂子,老年人和小孩买东西时短斤少两。"王道长说:"你失去了经商之道,也就失去了良心,这些使你的生意财气不旺,记住了,君子取财有道。知错改错,要靠诚信取信于民众。"张顺经过王道长的点化,开窍了,开始热情待客,对年长者送货上门,抹零去尾薄利多销,最终得到了镇里百姓的信任,生意从此红火起来。失财者来求财有德,财会再回来的。

　　没有投掷进去的人也不要失望,就在五龙宫请一尊金蟾,回去摆在自家的店里或办公桌上,以求人旺财旺。但是摆放蟾蜍也有个讲究,要头向屋内,无论是供奉在公司、商店或住宅内,都不宜头向屋门,否则,所吐的金钱都吐出屋外了,还怎么催旺财运呢?

五龙宫内观梨花

"万树梨花拥玉壶,香雪茫茫海上无"。

这是清代诗人刘杞咏千山梨花的著名诗句。春天到千山赏梨花,是令许多游人心仪的一件事情。千山梨花堪称天下无双,而五龙宫的梨花景观又占千山梨花魁首。辽宁省海城市的当代作者杨国寰有《古词风韵》一首,描写春天到五龙宫赏梨花的情景,别具一番情致:

奇峰钟神秀,古树舞仙姿。
人醉清香处,梨花似雪时。

◎ 五龙宫梨花初放

清代辽阳儒生马西冈在咏"千山香水梨"的诗中描写道:

梨为百果宗,兹梨尤仅见。
一裹黄金纸,满口香水溅。
疑是寒梅英,沁透雪花片。
日啖三百颗,荔枝质转贱。
山人酒正酣,含之不忍咽。

在这"南海八千路,辽东第一宫"的五龙宫的峰峰谷谷中,每年四月底至五月下旬的梨花盛开季节,漫山遍野,馥郁芳香的花粉随风飘扬,沁人肺腑,并有青山古庙与梨花组成的三色祥瑞气象。伴着鸟语花香,如画风景,不仅衬托出五龙宫的美丽,尤其凸显了五龙宫的魅力,更显出五龙宫的雄伟壮观和辉煌神圣。大批游人慕名而来,那真是"车织彩锦,游人浪涌"。

五龙宫的梨花,不同于南国大地的梨园花开景色。那些生长在峰峦沟壑之中的梨花,或盛开在山坡上,或飘逸在山泉小溪边,或怒放在古老的庙宇旁,它高低无序,不拘一格,竞相开放,争奇斗艳。近处仰望,玉树琼枝,吐蕊斗妍,花香飘洒。从远处遥望,云漫雪舞,银装素裹,浩瀚无边,就像波澜壮阔的香雪海,撼人心弦,令人遐想。

说起千山的梨花,还流传着许多动人的故事呢。传说吕洞宾云游四方时来到千山,人们都说千山美,他看到的却是怪石裸露、树少草稀,心想要是千山上能长满鲜花和果树那才叫美啊。回到天庭之后,他便把自己的想法奏明王母娘娘,王母下旨让百花仙子去散花。仙子听说要到人间散花心中十分高兴,不仅把自己掌管的各种花籽准备充足,还向其他仙女们要了一些仙果籽、松子和草药籽。随同吕洞宾来到千山后,将所带的种子散向千山,从此千山便有了今天"万壑松涛百丈澜,千峰翠影一湖莲"的东方明珠之美誉。千山的石头上长满了裂缝,雨水顺着石头缝流入地下,天旱时水顺着石缝上升至地表,松树的树根扎在石缝中,耐旱耐涝根深叶茂,远看像是树长在石头上,是千山的奇特景观。因为是仙女播下的树籽,该松树被称为美人松。仙梨籽被撒在万木丛中,每到春天梨树花开像瑞雪翻滚,花谢时又像瑞雪随风飘扬,香味扑鼻,馥郁满山。到了秋天果实成熟,吃起来又香又甜,被人们称为南果梨、香水梨。

千山的香水梨和南果梨是仙女播下的种子,它不仅香甜可口,而且有润肺、止咳、生津的功能,还能治便秘等多种疾病。

千山脚下的柳言从小得了怪病,总是咳嗽,走路干活喘不上气,二十多岁了也不能下地干活。父母过世后他自己靠刨点药材、拣点蘑菇维持生活。有一天他来到五龙岭,蘑菇没拣到,反而咳嗽不止,只好休息一下。不知道过了多长时间,他抬头一看梨树上全是金黄色的梨,正好有点口渴,于是摇晃了几下树干,掉下了十几个梨,他捡起来就吃。他从来没有吃过这样又甜又解渴的梨,吃了一个还想吃,不知不觉便吃饱了。他就又开始捡蘑菇,隐隐约约觉得气喘得顺畅了,以前走个百八十步就得停下来喘口

◎ 五月梨花映龙宫

◎ 果实累累

气,现在却没有憋气的感觉,腿走起路来很轻松,很快就捡了一筐蘑菇。他临下山时又饱餐了一顿香水梨,肩上扛一筐蘑菇也不觉得累,以往下山中途都需要休息两到三次,这次一回没歇走回了家,心里觉得有点奇怪。

  第二天他又带上筐去五龙宫采蘑菇和挖草药,并且总是有梨吃,一连二十多天,天天吃梨的柳言觉得自己像变了一个人似地,咳嗽病好了,喘气也顺畅了。街坊邻居发现柳言的气色比以前好多了,也不咳嗽了,连走路都比过去有劲,都惊奇地问:"你吃什么药把病治好了?"他总是说没吃什么药,可是大家谁也不信。日子长了柳言才发现自己病好了与吃五龙宫的梨有关。当他把这件事讲给村里的人听时,谁也不相信他,他不管别人信不信,病好了这是事实,他又到山上拣了一些梨储存起来。

  柳言的大爷患病七天了,不吃不喝眼看着就要不行了。柳言没有什么好东西拿去瞧病人,就带了一筐梨去,柳言看到躺在炕上的大爷就说:"大爷我没有什么好东西送给你吃,我给你送来五龙宫山上的梨,别看它不起眼,我的病就吃这个梨治好的。"大爷非常高兴地说:"这梨闻着味道真香,给我弄一个吃。"家里人一听老爹要吃梨就忙活起来，连忙洗了几个梨端到老人面前，已经病了七八天、滴水不进的老人，一连吃了五个梨，大家都很高兴。后来老人只要想吃就给他洗几个吃，吃到第二天中午，老爹说要上茅房，一家人很是高兴，老人自从有病了就被屎憋得直叫唤，听说他要上茅房，都说这病有救了。大约过了两袋烟的工夫，终于拉出屎来，大家一看这屎像羊粪一样，一个小蛋一个小蛋的，拉完屎之后他又喊饿要吃饭，家里人又忙着做饭。全村的人都传说老柳头是吃梨把病治好的，这时大家才相信这梨真能治病。

东北冬天温度零下三十多度，上了年纪的人大多数气管不好，哮喘咳嗽，大家听说这梨能治病，都纷纷上山摘梨。凡是有这种病的人，吃了五龙宫山上的香水梨和南果梨病情都见好。有的小孩患上了百日咳，喝点梨汁也见好，要是被蚊虫咬了，取点梨汁抹上即止疼又止痒，一天后也就好了。

南宋末年，道教龙门派一代宗师邱处机，就曾以"白锦无纹香烂漫，玉树琼葩堆雪"的诗句赞美过梨花。唐朝诗人岑参"忽如一夜春风来，千树万树梨花开"的诗情画意，把梨花盛开的美景描写得淋漓尽致；唐朝大诗人杜甫"只缘春欲尽，留着伴梨花"的诗句，又道出了诗人对梨花的情有独钟；伟大诗人白居易一句"玉容寂寞泪阑干，梨花一枝春带雨"，更把唐玄宗李隆基和爱妃杨玉环的爱情故事演绎成千古绝唱，那句"带雨梨花"尤其把人引入了无限的遐思。

我们且把笔锋转回到上段文章的开篇，仔细玩味欣赏一下仙师邱处机那首《无俗念·灵虚宫梨花词》，其诗词全文是这样的：

春游浩荡。是年年，寒食梨花时节。
白锦无纹香烂漫，玉树琼葩堆雪。
静夜沉沉，浮光霭霭，冷浸溶溶月。
人间天上，烂银霞照通彻。

浑似姑射真人，天姿灵秀，意气舒高洁。

万化参差谁信道,不与群芳同列。

浩气清英,仙材卓荦,下土难分别。

瑶台归去,洞天方看清绝。

道教龙门派一代宗师邱处机,是南宋末年一位有道之士,又是一位武学名家,更是全真教派中出类拔萃的人物。他的这首咏梨花词,恰似歌咏赞誉一位身穿白衣的美貌仙女,说她"浑似姑射真人,天姿灵秀,意气殊高洁",又说她"浩气清英,仙才卓荦","不与群芳同列"。赏完五龙宫的梨花再回过头来细细品味词中所赞颂的梨花,的确如"风拂玉树,雪裹琼苞",也当得起"冷浸溶溶月",尤其是他以"无俗念"三字为题,更可以说是十分地贴切,活灵活现地勾画出了梨花的素洁和冷艳。

读古人咏梨花诗,在五龙宫梨花树下赏花,清香从脑海里飘出,情感在心中激荡,如饮美酒,如沐春风,如入仙境……此时此刻,当我们悠悠漫步在梨花树下,如置身于白浪起伏的海洋之中,在枝枝梨花的紧紧相依之下,在缕缕怡人的幽香之中互相倾诉心曲,则会更加显得情深意长,美妙无比,感到情在外溢,爱在升华,有如李白所写的"柳色黄金嫩,梨花白雪香"那样令人心旷神怡……

如果在梨花盛开季节入住五龙宫,且有幸喜遇"夜雨瞒人来润春",而后,当和风煦日临窗时,于春雾如梦的清晨推窗放眼,满目的梨花也仿佛春眠乍醒,微寒冷艳,枝挑霜凌,雪面嫣然,芳香暗散,雪魄梅魂,妩媚妖娆……就连晶莹剔透的露珠儿,都恰如美人垂泪,似恋人痴情……细品细赏,更加妙不可言。

如果是在皎洁的月光之下,在潺潺山泉的伴奏中观赏梨花,那绽放的梨花就像嫦娥一样迷人可爱,沁人心脾的花香更似情人一样温柔多情。那流淌不息的溪水又仿佛是情人在向你述说着衷肠……

"梨花如雪送春来"。梨花美而不艳,靓而不娇,秀而不媚,香而不俗,她的风姿玉容,天生丽质,不仅给人间带来了春光美景,给人以无限美的享受,还孕育着秋天沉甸甸的丰硕果实。

药王殿里拜药王

千山五龙宫的真武大殿内供奉着药王神孙思邈。五龙宫每年的四月二十八都要举办药王神庙会,许多四面八方的游人香客不辞劳苦,提前几天预约而来,为的是请药王神保佑其与家人无灾无病,永享康宁。庙会典礼非常隆重,声名远播关东大地。

孙思邈,京兆华原(今陕西耀县)人。生于西魏大统七年(541年),卒于唐永淳元年(682年),为唐代著名道士、医药学家,被人称为"药王"。他活了一百四十一岁,死后葬于故里孙原村孙氏祖茔。孙思邈自幼聪颖好学,聪明过人,日诵千言,西魏大将独孤信赞其为"圣童"。他通晓《老子》、《庄子》及诸子百家的学说,博览涉猎各类经史学术,兼通佛典。但他幼年体弱多病,汤药之资几乎罄尽家产。他十八岁立志学医,二十

◎ 药王孙思邈(戴敦邦画)

岁开始为乡邻治病。他对古典医学有着深入的研究,对民间验方十分重视,一生致力于医学临床研究,对内、外、妇、儿、五官、针灸各科都非常精通,有二十四项成果,开创了我国医药学史上的先河,特别是在论述医德,倡导妇科、儿科、针灸穴位等方面都是先人所未有。他一生致力于药物研究,曾上峨眉山、终南山,下江州。北周大成元年(579年),他隐居太白山(在今陕西眉县)学道、炼气、养形,研究探讨养生长寿之术。他边行医施善,边采集中药,边临床试验。他是继张仲景之后,中国第一个全面系统地研究中医药学的先驱者,为祖国的中医学事业发展建立了不可磨灭的功德。

孙思邈认为,"人命至重,有贵千金,一方济之,德逾于此"。因此,他将自己的两部著作均冠之以"千金"二字,名《千金要方》和《千金翼方》,均是我国最早的医学百科全书,从基础理论到临床各科,理、法、方、药齐备,有着极高的学术价值,确实称得上是千金不易的中医学瑰宝。

孙思邈崇尚养生,并身体力行,他既是中国古代的著名医药学家,也是著名养生实践家。所以他年过百岁时犹视听不衰,神采甚茂,可称为古代之聪明博达,仙寿绵长第一人。晚年的他将儒家、道家、佛家的养生思想与中医学养生理论相结合,提出了许多切实可行的养生方法。时至今日,这些养生要术还在指导着人们的日常生活。

孙思邈是中华医学发展先河中一颗璀璨夺目的明星,是堪称一流的古今医德医术名家。尤其是他对医德的强调,为后世的习医、业医者们树立起了典范。直至今日,仍让那些唯利是图的从医者流望而生惭。他的名著《千金方》中,把"大医精诚"的医德规范放在了极其重要的位置上,专门立题并重点讨论。而他本人,也是以德养性、以德养身、德艺双馨的代表人物之一,成为历代医家和百姓尊崇备至的人物。他在中外医学史上留下了不可磨灭的功勋,千百年来一直受到人们的高度评价和崇拜。唐太宗李世民称赞孙思邈"凿开径路,名魁大医。羽翼三圣,调合四时。降龙伏虎,拯衰救危。巍巍堂堂,百代之师"。宋徽宗崇宁二年(1103年),他被追封为"妙应真人",并被后世人尊为"药王"。明穆宗隆庆六年(1572年),其

所著医书中的重要药方被镌刻在显化台庙前的五通碑上。从那时起,显化庙就改称"药王庙"(位于陕西耀县城东的药王山上)。如今,全世界凡是有华夏子孙的地方,都有奉祀这位医神的庙宇,各地庵、观、寺、庙对他也多有供奉。

而千山五龙宫更是把药王供奉于大殿的显要位置,与真武大帝同殿享受善男信女的膜拜和祭祀。

有关孙思邈治病救人的故事不胜枚举,他不但在世上治病救人,据说还上天宫医治过玉皇大帝的儿子呢!

◎ 长寿石

据说唐太宗贞观年间,一日,玉皇大帝在灵霄宝殿早朝,众神三呼万岁,参拜已毕。玉皇大帝危襟正座,高居深视,对列班群仙说:"众位爱卿,有事出班早奏,无事卷帘退朝……"他一句话没说完,只见巨灵广法天师急急出班奏道:"启禀陛下,太子耳病愈来愈重,昨晚又疼得一夜未曾合眼。"玉帝闻奏,大怒说:"御医都哪里去啦?难道他们都是些白吃俸禄的饭桶不成?"巨灵广法天师慌忙答道:"御医守护,寸步未离,方药用遍,就是不灵。"玉帝忙环视左右,问:"不知众位爱卿,可有什么济世良方?"只见各路大仙们个个面面相觑,紧锁双眉,搔头挠腮,摇头不语。沉默良久,忽然太白金星出班跪下,禀奏说:"请陛下勿忧,臣荐一人,保证能治

愈太子的耳病。"玉帝一看太白金星出奏，猜测他必有妙手良医举荐，即刻转忧为喜，急切地问道："老爱卿荐举何人，快快奏来！"太白金星道："下界大唐华原孙思邈。此人医术非凡，唐太宗亲封其为真人。"玉帝原以为太白金星保举的是哪路名仙神医，不想原来是一位凡间俗医，就不大高兴地说："老爱卿，你真是老糊涂了。天宫神医尚无良方，下界肉体凡胎，哪会有如此能人？火烧眉毛，老爱卿不要开玩笑了。"太白金星赶忙回道："启奏圣上，孙思邈虽为下界凡夫，但论医术，无论天上人间，当今没有第二个人能超越他。为太子治病非同小可，臣断不敢当作儿戏。"玉帝说："何以见得？"太白金星接着说："孙思邈医术之神是微臣亲眼所见。"

玉帝一听说孙思邈医术如此高明，不禁也来了兴趣，忙问："是怎么回事？老爱卿快快说来一听，这位孙真人治病有怎样的神法？"

原来，头天太白金星值日，正当他驾祥云巡视在大罗天上，忽听到下界哭声震天，悲声大放。太白金星急忙拨开云头仔细察看，只见耀州五台山下，几个人抬着一口白木棺材，后面跟着一位老妇人，仰面捶胸，号啕大哭，悲痛欲绝。这一行送葬队伍正向前行走间，迎面碰见一位老者。就见那位老者童颜鹤发，骨貌清奇，身背葫芦，飘飘然大有神仙临凡之气概。那老者看老妇人哭得十分伤心，就急步上前问道："不知老人家这是哭送何人啊？"不料，老妇人只管嚎天呼地的痛哭，对老者看也不看，理也不理。老者看那棺材，发现下面有血滴，忙安慰老妇人道："老人家不要难过，棺内之人尚可救治。"老妇人一听说棺内之人还能有救，才半信半疑地停止了哭声，心想："事已至此，也只有这样了。也许天可怜见，我女儿命不该绝，有了救星。"于是边擦眼泪边说："老人家有所不知，小女难产，死去已有两天了，救治恐怕也晚了。"说完又痛哭流涕起来。这时，就见那位老者微微一笑，慢条斯理地说："不要哭，不要哭，病人没有死，尚且有救，请不必啼哭。"老妇人听说这话止住哭泣，待擦干眼泪抬头一看，不由惊喜地喊道："您是——孙真人！？"老妇人以为自己眼花，又用袖子擦了擦眼睛，定神仔细一看，认出果然是孙真人，不觉大喜过望，忙叫抬棺木的人："快停，快停！我女儿有救啦！"

抬棺的以为老妇人哭糊涂了，就说："老太太你真是哭糊涂啦！送葬在半路上，是不能停棺的啊！"

"停！停！停！孙真人来了！我女儿有救啦！"

一听说是孙真人来了，抬棺的人们才停下来，将棺木缓缓落地。众人围着棺木，瞪大眼睛，屏住呼吸，盯着孙思邈，不知道这位老者是人是神，竟然连死人也敢治！还有人小声嘟囔："医生能治病，但治不了命。没听说谁能把死人治活的。"但是再看那位孙真人，也不回驳人们的议论，急忙来到棺前，让人打开棺盖一看，说："好险啊！我若迟来一步，这母子二人可就真完了。"说着，随即从怀里掏出个针篓打开，拿出一根银针，找准穴位，扎到棺中妇人的身上，两指不住地捻提转动。不大功夫，忽然听见棺内传出一声婴儿落产的啼哭，紧接着又是一声产妇的呻吟……众人这才松了一口气，不禁大喜，陪同老妇人一齐跪倒在地，连连叩头谢恩。从此，孙真人"一针救两命"的事迹不胫而走，轰动京兆，传遍了大唐帝国。

玉皇大帝听完太白金星的故事，不禁大喜，说："既然那位孙真人有如此高超的医术，那就有劳金星老爱卿去凡间一走，礼请这位孙真人上天来走一趟，为太子医治耳病吧！"

另据传说，孙思邈不光医活了"死人"，给玉皇大帝的儿子看过病，还给龙疗过伤呢！

据陕西省富平县梅坪镇的当地人传说，当年有一条黑龙游经石川河岔口（地名，在现今耀县与富平县交界处）时龙嘴被划伤，血流成河，多日不愈，血水从岔口一直延绵到洪水头（即现今的红水头村）。黑龙万般无奈，前去求药王孙思邈为它医治。伤治好后，为了感谢药王的救命之恩，黑龙遂穿山为洞，以供孙思邈悟道修仙之用（此洞在现今药王山药王爷塑像的右后侧，深不可测，据说曾经有好几批探险者进去，都没有出来）。

药王神孙思邈这位古代著名的医学家，被累世帝王赐封为"药王"、"医神"、"真人"等尊号，又被道教奉为"药王神"，供奉于道教庙宇的殿堂之上，永世享受亿万民众的祭祀。有关他的许多传奇故事，历经一千四百余年流传仍经久不衰。

◎ 五龙宫圣镜

药王在千山五龙宫经常显灵，善男信女只要虔诚膜拜，便会真的求药得药，求病愈得康复。有位史郎中的医术很高明，可是他父亲患病多年，他自己调弄了十几个药方都不见效果。在别人的指点下，他来到五龙宫药王殿拜药王求药方。跪在药王圣像前，他心中默求："家父患有手脚发凉、四肢麻木，久治不见效，请药王赐一良方。"冥冥之中神仙告诉他："上山采苦蝶子泡水当茶饮用，两月见效。"他按着药王的指点上山采苦蝶子给老爹饮用，效果非常明显。此后他遇到疑难杂症就去拜药王，每次都得到神仙的点化。辽东地区存在女人怀孕概率低的问题，为了提高女人的怀孕率，史郎中尝试了各种药方都没有效果，他又前去拜药王，求神仙指点。回家后，他晚上睡到半夜，看到药王来了对他说："东北天气寒冷，男人容易患肾病，女人经血不调，把鹿茸角碾成粉，男人服了补肾壮阳，女人服了调经血。"他睁眼一看，是个梦，原来是药王托梦送良方。他依着药王的意见为村民配制药方，确实灵验，就连三十多岁从没开怀的妇女也开始怀孕，从此千山周边地区的人丁兴旺起来，他的医术也愈来愈高明，找他治病的人也愈来愈多。

河北省朱得财的儿子在一次意外事故中受伤成了植物人。父母为了唤醒孩子，放下自己的工作，守护在儿子的身边多年，孩子还是老样子，没有好转的迹象。朱家几代单传，儿子是他们唯一的希望，没有了儿子的生活，他们觉得没有意义。

就在他们绝望的时候，听人说五龙宫的药王爷很灵验，就抱着试试看的心理来到了五龙宫。他们来到了药王殿，请了香发了愿，祈求药王神保佑他们儿子早日康复。

半个月以后，他们欢天喜地地来到五龙宫，见人就说："这个庙的神仙真是灵啊！我儿子苏醒过来了。"这真是天大的奇迹。这次他们又来给儿子做了一场法事活动。

两个月后，他们竟然带上一个精神饱满的大小伙子来到庙上还愿！植物人儿子从黑暗的世界里回来了，这是药王爷显灵了！

当人们进五龙宫真武大殿拜祭"药王神"时，不知有没有注意到，就在药王神孙思邈的背后，还有一尊顶盔贯甲黑面虬髯的武将拱卫侍奉在那里。说到这位尊神的原型，还是唐朝一位响当当的开国元勋呢！

据传说，当年唐太宗在位时，孙思邈采用悬丝诊脉，针灸治好了长孙皇后的难产病之后，唐太宗非常高兴，要赏赐给他金银财宝，又要给他封官赐爵，都被孙思邈婉言谢绝了。唐太宗觉得甚是过意不去，就赐封他为"药中之王"，并赐予他冲天翅的王冠和赭黄色的王袍以示荣显。这可都是王公一级的封赐啊，就连跟随唐太宗一起出生入死的秦琼和尉迟敬德等开国元勋，都没有得到这种封赏！

这个消息一传出，别人倒也没感觉有什么不妥，尉迟敬德一听却不满了，心想自己为大唐王朝打天下出生入死屡立奇功，也没有得到封个王位的待遇啊！他孙思邈进京才几天，就凭一支小小的银针获得了如此殊荣，简直是岂有此理！他决定去赶上孙思邈，夺回王袍王冠。不想，孙思邈早

预知有人要来抢夺王冠王袍，就把王冠的冲天翅扳成顺天翅，把黄袍反穿在身上，使袍里在外变成了红袍。当尉迟敬德领兵追到灞桥时，就见孙思邈身穿红袍，头戴顺天翅王冠，在柳荫之下盘膝打坐，静静地恭候。尉迟敬德一看孙思邈并没有把皇帝的赏赐当成一种炫耀，而是用反穿的形式以示谦逊。再想想自己，仅仅因为没有得到这么一个虚荣的封赏就心里不平衡，顿时感到有些无地自容了，忙趋前施礼改口说："听说老神仙匆匆忙忙要驾返仙山，末将不曾相送，现在之所以急急专程赶来，是想向老神仙讨些灵丹妙药，以备东征的不时之需……"孙思邈当即送给了他灵丹十八丸，并保他东征凯旋。孙思邈的大仁大义和包容大度，使尉迟敬德对自己的妒忌感到非常后悔，当场击掌发誓，自己愿意在孙思邈成圣之后，给他站班助威，听凭调用……此事流经民间，至今仍被传为美谈。后来，人们便在供奉"药王神"的神位侧旁，树了一尊尉迟敬德的塑像作为护法。

状元亭里状元郎

现如今，不断发展壮大的千山五龙宫，已经成为东北道教中最大的丛林庙宇之一，五龙宫里所奉祀的神像达一百余尊。集求财运、求升学、求官职、求婚姻、求平安、求健康、求顺利、求幸福、求寿禄、求康泰等于一体的大庙宇。百姓所求之事都有各司其职的神灵管辖，如文武财神专司世人的财富；月下老人专司世间广大男女的爱情婚姻；斗姆元君专司众生祸福、保命延生、祛灾避邪；龙神专司为人间普降甘霖，滋养万物；"六十甲子本命元辰神"专司人的一生平安，事业顺达，福禄增添，趋吉避凶，祛灾免祸；文昌帝君专司仕途顺利，官运亨通，学业有成之事。

◎ 状元亭

说到文昌帝君,在千山五龙宫的灵验也不胜枚举,可以说是有求必应,求之有得。但是提到文昌帝君,还有一个去处不能不郑重地介绍一下。凡是敬拜过文昌帝君的人,特别是那些面临高考的广大学子,这个地方不去,功课是不够圆满的,那就是千山五龙宫独一无二的状元亭。许多民间传说它的灵验故事,使诸多游人争相前来观瞻游玩,祈福许愿。

状元亭在太上老君殿北侧的半山腰处。拜过文昌帝君,穿过太上老君殿,沿石阶甬路左盘右旋,攀登而上,直上到半山腰处,豁然有一座华彩生辉的亭子高高地耸立在那里——这就是状元亭!

状元亭面积二十五平方米,高达九米,为六角六柱建筑,亭子楣额上有十二彩绘图,每幅图都有一个感人的故事。当游人来到这里,首先是亭柱上有一副楹联赫然闯入眼帘:"千古文风光史笔,万年气运盛奇才。"

说起这座状元亭的由来,还真有一段神奇的故事。清朝年间,江苏常州人士钱维城随其父到奉天城走亲戚,当时钱维城才十二岁,因其自小聪颖好学好动,喜登山远眺,便缠着他的父亲要来千山玩儿,其父拗他不过,只好带着他到千山来转转。父子俩到千山后,听山下百姓说登千山最高峰仙人台需从五龙宫经过,而且路程很远。父子俩便急急赶路,因钱维城年龄尚小,走到五龙宫便挪不动腿儿了,其父只好随着小维城的心情,走到哪儿是哪儿吧!

两人在五龙宫院里休息了一会儿,小维城又来了精神,和他父亲说想继续登仙人台。他父亲觉得维城年龄太小,不能再往山上爬了,就劝他说我们去玉皇阁吧,那的山也很高,爬上去再拜拜玉皇大帝,等科考时玉皇大帝好帮你考上状元。小维城一听也对,听父亲的吧,反正自己也真累了。就这样,小维城跟在父亲的身后小腰一猫一猫地往玉皇阁上爬。等爬到半山腰时小维城又累得走不动了,刚好在玉皇阁左下方有一个休息亭,小维城不等父亲说就一屁股坐在了亭子的长凳上。

说来也怪,当小维城坐到亭子间休息的瞬间,一群喜鹊哇哇叫着落到亭子的周围。小维城一见高兴得不得了,直拍小手说:"我能考上状元啦,我能考上状元啦!"其父见小维城高兴得这个样子也很兴奋,不由自主地说："维城,如果你考上状元,这个你休息过的亭子就叫状元亭吧!到时我们过来把它重新修整装饰。"几年后,小维城真考中了状元,这个亭子真就成了名副其实的状元亭了!

民间传说,这个状元亭有许多的神奇之处,凡是才子佳人,或者是那些高考、中考的学子们来到这里,只要进亭子里站一站,坐一坐,或者在心里默默地许个愿,所求之事基本都能如愿。说到这里,据说还真有那么一个高考学子,因为登状元亭获得了灵显感应的故事呢!我们不妨在这里与读者分享一下。

有一年,有位鞍山市姓郝的女孩子,那年正面临应届高考。这个女孩子家境贫寒,她的父母都是下岗职工,只能靠做点小买卖维持一家人的生计,还要供孩子读书,其困难可想而知。这个女孩子一有时间,还要帮助父母看摊守铺,这就难免会耽误一点学习,所以成绩并不是很好,每次考试都是成绩平平。但是她的父母一心望女成凤,为了能让她如愿升学,母亲领她前来五龙宫拜文昌帝君,祈求神灵保佑,使她考入一个比较理想的学校。

来到五龙宫那天,她们母子先拜了文昌帝君,然后就按宫内道士的指点,前去瞻拜状元亭,于是母女二人就往山上走。本来,娘儿俩来的时候也带了一点干粮,但是因为这个女孩子非常孝顺,知道妈妈为了准备这天登山求神忙了一天半宿,都没有很好地吃过东西。在路途中休息吃东西的时候,她就推说自己在同来的同学那里吃了东西,现在一点不饿,就把带的干粮都让妈妈吃了。登山可是非常消耗体能的,当她们母女二人来到山上状元亭时,女孩子已经累得几近虚脱,浑身绵软无力,一步也走不动了,她一见到亭子就像见到了救命星,进去一把抱住柱子就坐了下来。直到妈妈瞻拜了几处神祇回来叫她,女孩子才挣扎着跟随妈妈一起下了山。

回到家的当天晚上,女孩子做了一个梦,梦见自己要复习模拟考题,却怎么也找不到笔了,正在她焦急万分的时刻,见从南面来了一位身穿道袍的老爷爷,近前来递给了她一支笔,还照她脑门儿拍了一掌,然后什么话也没说,转身就走了。

◎ 五龙宫助学考试道场

女孩子一觉醒来，才知原来是个梦。当时她也没在意，只是感觉脑子里特别清亮，做起题来比往日灵敏了许多。当时她还以为爬山累了，回来睡了个自然醒的好觉，所以才感觉精神倍增呢！

高考开始了，进入考场后，她也没像有的人那样，偷偷摸摸总想做点小弊，打点儿小抄，只是闷起头来做自己的卷子，就感觉卷子上的那些题都是自己平日里做过的，所以答起来都比较容易。三天考试结束后，父母心里没底，又不好刨根问底，就拐弯抹角地探询她考得怎么样。其实，这时候她自己心里也没底，更不知道考得怎么样，只是回答说"感觉还行"。可是等高考成绩上榜一公布，她的考分竟然位列全校第八名，当年就被南开大学录取了！这不仅让她自己吃了一惊，就连她的班主任老师都说没想到。

现如今，五龙宫为了帮助学子们达成心愿，升入理想的院校，将来能够更好地报效国家，回报社会，孝顺父母，积德累功，造福于人民，每年在高考、中考之前，都要举办助学考试道场，给广大学子和家长创造一个"礼拜文昌帝君，祈愿状元亭"的机会。而每年到五龙宫祈愿能考上理想院校，并做助学道场的学子，都得到了神仙的加持和护佑，回去后都能静下心神认真学习，继而在考试中似有神助，超常发挥，取得了意想不到的好成绩，被理想中的高校录取。

图书在版编目（CIP）数据

千华明珠五龙宫/王高静主编；齐真群，朱真意，董真前编著.—北京：华夏出版社，2013.12

（中国道教文化之旅丛书）

ISBN 978-7-5080-7722-2

Ⅰ.①千… Ⅱ.①王… ②齐… ③朱… ④董… Ⅲ.①道教－寺庙－介绍－鞍山市 Ⅳ.①K928.75

中国版本图书馆CIP数据核字(2013)第153951号

千华明珠五龙宫

作　　者	齐真群　朱真意　董真前
责任编辑	查　纯
出版发行	华夏出版社
经　　销	新华书店
印　　刷	北京市华宇信诺印刷有限公司
装　　订	三河市李旗庄少明印装厂
版　　次	2013年12月北京第1版　2013年12月北京第1次印刷
开　　本	720×1030　1/16开
印　　张	12.75
字　　数	180千字
定　　价	39.80元

华夏出版社　网址:www.hxph.com.cn　地址：北京市东直门外香河园北里4号 邮编：100028
若发现本版图书有印装质量问题，请与我社营销中心联系调换。电话：（010）64663331（转）